Dieter Hund

Von Flössern, Köhlern und Tüftlern

Dieter Hund

Von Flössern, Köhlern und Tüftlern

Gewerbe und Handwerk im Schwarzwald

VERLAG MORITZ SCHAUENBURG

Die Deutsche Bibliothek –
CIP-Einheitsaufnahme
Von Flössern, Köhlern und Tüftlern:
Gewerbe und Handwerk im Schwarzwald /
Dieter Hund. – Lahr/Schwarzwald:
Schauenburg, 1994
ISBN 3-7946-0306-0
NE: Hund, Dieter

Impressum:
Redaktion: Christel Seidensticker
Satz und Lithographie: Fotosatz Krieg, Lahr
Layout: Ulrich H. Müller, Zell a. H.
Druck und buchbinderische Verarbeitung:
S.GB Schauenburg Graphische Betriebe GmbH
ISBN 3-7946-0306-0

1. Auflage 1994

Die Entwicklung des Waldes

Schon immer – und nicht erst in unserem Jahrhundert – hat sich der Wald verändert. Veränderungen aber sind schwierig wahrzunehmen, da sie sich in längeren Zeitabschnitten, die oft weit über ein Menschenleben hinausgehen, ereignen.

Erste entscheidende Eingriffe in die Wälder geschahen in Deutschland durch die bäuerliche Kultur in den großen Rodungsperioden des Mittelalters – etwa in der Zeit von 900–1350 n. Chr. Damals wurden etwa zwei Drittel der vorhandenen Waldflächen in Ackerland und Wiese umgewandelt.

Im Schwarzwald begann um das Jahr 1000 n.Chr. gleichzeitig mit den Rodungen auch die Besiedelung. Sie ging vor allem von Klöstern wie Gengenbach, Ettenheimmünster, Wittichen, St. Georgen, St. Peter, St. Rupbert, St. Blasien oder von Hirsau und Herrenalb aus. Die Klosterhöfe wurden mit dem Ziel gegründet, Waldflächen zu roden.

Je nach der geschichtlicher Entwicklung befand sich der Wald auf dem Vormarsch – wie z. B. während der Pestzeit um 1350 und während des Dreißigjährigen Krieges – oder auf dem Rückmarsch – wie in Zeiten verstärkten Holzbedarfs – etwa um 1800.

Rodungen brachten neue und begehrte Ackerflächen. Aber nicht nur das, das Holz war gleichzeitig unentbehrlicher und vielseitiger Roh-, Werkstoff- und Energielieferant für Haushalt und Gewerbe. Man brauchte es auch als Rohmaterial bei der Gewinnung von Holzkohle, Pottasche und Teer, als Brennmaterial in den Glashütten, als Baumaterial vor allem für die Dachstühle von Kirchen, Schlösssern und Bürgerhäusern und für den Schiffsbau. Das von den Bäumen gewonnene Harz bildete die Grundlage für Terpentin und Teer. Die Rinde fand in den Gerbereien Verwendung als Lohe, Laub und Blätter wurden dem Vieh verfüttert. Durch die lichten und aufgelockerten Wälder trieb man Groß- und Kleinvieh zur Nahrungsaufnahme.

Vor 1800 wurde im Schwarzwald auch „Waldfeld- oder Brandfeldbau“ betrieben. Abgeholzte Waldflächen wurden zu Ritte oder Reutte gebrannt. Wenn das verbliebene Holz geschlagen und aufgereiht war, reinigte man den Berghang durch eine kontrollierte, nach unten gezogene „Feuerwalze“. Auf diese Fläche wurden mehrere Jahre lang Weizen oder Feldfrüchte eingesät. Dann überließ man die Fläche dem Vieh. Nach mehreren Jahren entstand wiederum eine natürlich gewachsene lichte Waldung.

Gegen Ende des 18. Jahrhunderts wandelte sich mit den veränderten Anforderungen der Wirtschaft auch der Waldbestand.

- Merkantilismus und zunehmende Industrialisierung ließen den Holzbedarf der Glashütten, der Eisenschmelzhütten, Porzellanmanufaktur und der Erzeuger von Pottasche in die Höhe schnellen.
- Der Holzbedarf für den Hafen- und Schiffsbau in Amsterdam war gewaltig. „Holländer“ flößten große Holzmengen flußabwärts. Für ein Kriegsschiff benötigte man man 700 Eichenstämme, d. h. etwa 2,5 ha Eichenwald. Für den Achtersteven, der das Ruder trug, war eine bis zu

12 m lange und 75 cm dicke Eiche erforderlich.

- Eine anwachsende und zu Wohlstand gelangende Bevölkerung benötigte immer größere Mengen an Brenn-, Bau- und Werkstoff.
- Viehherden und stark überhöhte Wildbestände für die höfische Jagd schädigten den Wald zusätzlich.

Um 1800 hatte der Zustand des Waldes im Schwarzwald einen Tiefpunkt erreicht. Im mittleren und südlichen Schwarzwald bedeckte der Wald nur noch 32% der Gesamtfläche, Reutt- und Waidfelder dagegen 30%. Im nördlichen Schwarzwald war der Wald so weit dezimiert, daß er in den vom Wasser zugänglichen Lagen völlig verwüstet war. Der Nadelholzvorrat in den Kniebiswäldern z.B. war völlig erschöpft, und nach 1800 lag ein Drittel der staatlichen Waldflächen im württembergischen Schwarzwald kahl.

Diese Entwicklung alarmierte die Ständeschaften. Im Königreich Württemberg entstanden die heutigen Strukturen einer modernen Forstpolitik, die das Ziel hatte, die verheerten Waldungen wieder aufzuforsten und zu betreuen. In der Markgrafschaft Baden wurden – auch nach heutigen Maßstäben – umfangreiche Investitionsprogramme aufgelegt.

Gleichzeitig konnte sich der Wald durch technologische Weiterentwicklungen in den verschiedenen Gewerbezweigen und durch Reformen in der Landwirtschaft erholen. Künstliche Soda ersetzte die für die Glasherstellung notwendige Pottasche. Zuvor waren 97% des Holzbedarfes der Glashütten für die Gewinnung der Pottasche verbraucht worden. Jetzt konnte überdies Steinkohle auf den neugebauten Eisenbahnwegen schnell, billiger und in großen Mengen aus dem Ruhrgebiet zu den Glashütten, den Eisenhütten und den eisenverarbeitenden Betrieben gefahren werden. So konnte man auf Holz oder Holzkohle weitgehend verzichten. In der Landwirtschaft setzte sich die Stallfütterung durch. Die Viehherden verschwanden aus den Wäldern. Mit dem in den Ställen anfallenden Mist konnte der Futtermittelanbau intensiviert werden. Rechte Dritter am Wald wie der Zehnte, Bürgerholz oder Allmende wurden nach und nach abgelöst.

Zu dieser Zeit führte die Anpflanz- und Forstpolitik allerdings vom ausgewogenen Mischwald zur nahezu perfekten Monokultur. Kiefer und Fichte eigneten sich für schnelle Rekultivierung und wirtschaftliche Nutzung der verödeten Flächen. Sie begnügten sich mit den ausgelaugten und verwilderten Böden, und es konnten rasch große Waldbestände entstehen. Schon nach 50–60 Jahren waren schlagreife Waldbestände herangewachsen. Auch die Verflößung war wesentlich einfacher als beim schweren Laubholz. Erst in den achtziger Jahren des 19. Jahrhunderts vollzog sich in der Forstpolitik der Wandel hin zu verstärktem Anbau von Laubwald.

Um die Jahrhundertwende betrug der Anteil des Waldes im Schwarzwald 32% gegenüber 30% Reutt- und Weidefeldern. Nach 1945 wich der Brandfeld- bzw. Waldfeldbau schnell zugunsten von Aufforstung und intensiver Feld- oder Weidewirtschaft. Später ließen Landflucht, sinkende Hektarerträge und Arbeitskosten die Ackerflächen sehr schnell verschwinden. 1985 nahm der Wald schon 53 % und das Grünland 38 % ein.

Beispiele mögen diese Entwicklung belegen.

- In Schonach waren 1783 nur noch 16 % der Fläche Wald und 62 % –

Weidefläche. 1986 hatte sich das Verhältnis umgekehrt: Es gab hier nun 58% Waldfläche und unter 10% Weideland.

- Im Zweribach-Gebiet bei St. Märgen und St. Peter betrug um 1780 die Waldfläche 16%, Reutt- und Weidfelder 55%. Heute ist das steile, tiefeingeschnittene Berggebiet zu 90% mit Wald bedeckt. Damit ist ein Zustand wie in der Zeit um 1600 wiederhergestellt.
- Auf der Gemarkung Oberwolfach beträgt der Anteil der Waldflächen 83%, bei der Stadt Wolfach 82%.

(Auszüge aus: Danzer Holz aktuell, Ausgabe 9/1993 von Helmut Brandel)

In Wittershausen saßen vor Zeiten listige Bauern. Einst baten sie Hernn Johann von Zimmern, für einen Bau in ihrem Dorf den einen oder anderen Baum in seinem Wald fällen zu dürfen. Herr Johann willigte ein. Die Bauern dankten es und gingen in den Teil des Waldes, der am weitesten abseits lag. Dort fällten sie einen großen Baum.

Nun ließen sie dem Herrn mitteilen, sie hätten nur einen einzigen Baum gefällt, aber der sei groß und ungefüg, man könne ihn nur sehr schlecht transportieren. Deshalb bäten sie darum, zu erlauben, für den Baum den Weg bis zum Dorf freizumachen, damit er in voller Größe heimgebracht werden könne. Desgleichen möge man ihnen vergönnen, das Holz, das sie auf diesem Wege abhauen müßten, mitzunehmen. Nichtsahnend gab der Herr seine Erlaubnis.

Die Bauern fuhren nun in den Wald, legten den Baum aber nicht längsseits sondern quer auf den Wagen und fällten den ganzen weiten Weg lang alles Holz, das dem mächtigem Baum im Wege stand.

Aus der Chronica derer von Zimmern

Waldberufe

Die Köhler

Ein Köhler saß im Walde ...

Bis zur Mitte des 17. Jahrhunderts wurde Holzkohle auf recht primitive Weise in Gruben erzeugt. Das Kohlholz wurde in tiefe Bodenlöcher gestellt und in Brand gesetzt. Während des Brandes wurde die Grube mit Erde und Rasen abgedeckt.

Etwa seit 1650 betrieb man Kohlenmeiler. Noch heute weisen viele Flur- und Ortsnamen auf sie hin. Allenthalben im Schwarzwald trifft man auf Namen, wie Kohlengrube, Kohlhäusle, Kohlwanne, Kohlhütte, Kohlwasen oder Kohlplatz.

Die Köhler bevorzugten vor allem die Buchenwälder. Für einen Kohlenmeiler wurde je nach Größe 100 – 300 Ster Holz benötigt. Dadurch wurde der Holzvorrat in ihrer unmittelbaren Umgebung schnell aufgebraucht. Die Köhler zogen zu einem nächsten Kohlplatz weiter.

Die Kunst des Köhlers besteht darin, aus dem Holz, das zu 53% aus Kohlenstoff, zu 42% aus Sauerstoff und zu 5% aus Wasserstoff besteht, den Kohlenstoff in Form von Holzkohle zu gewinnen.

Der Kohlenmeiler

Brennbares Material wird schachtartig um einen starken Mittelpfahl gestellt. Um diesen Feuerschacht, den Quandel, legt man aus weniger wertvollem Holz sternförmig einen Rost mit vielen Luftschächten. Dieser Rost ist als „Bodenzug“ für den Verkohlungsprozeß wichtig. Dann stellt man Buchenscheite von etwa 1 m Länge kreisförmig um den Feuerschacht auf den Rost. Sie müssen so dicht aneinandergelegt werden, daß keine Zuglöcher und Spalten entstehen. Das Holz wird kegelförmig meist in zwei Schichten aufgeschichtet und mit Reisig, Moos oder Gras und zum Schluß mit einer dünnen Schicht von pulvriger Kohle – dem Kohleklein – und sandiger Erde abgedeckt. So entsteht ein halbkugelförmiger Erdkegel von 8 – 10 m Durchmesser und 2 oder 3 m Höhe.

Nun wird der Kohlenmeiler über die Quandel entzündet, d. h. glühende Holzkohle wird von oben in den Feuerschacht gefüllt (Obenanzünden). Wird die glühende Holzkohle über eine horizontale Zündgasse im Rost eingefüllt, spricht der Köhler von der Untenanzündung. Der Schwelbrand im Inneren kann durch Verschließen der Öffnungen gebremst werden. Je nachdem, wie der Schwelbrand fortschreitet, werden Rauchlöcher in den Meiler gestochen, um die Luftzufuhr beim 400° heißen Verkohlungsprozeß zu regulieren. Die Kunst besteht in der richtigen Dosierung der Luftzufuhr. Ist sie zu groß, fängt der Meiler an zu brennen und hinterläßt nur Asche. Ein zu schnelles Schließen der Löcher oder der Quandel dagegen verhindert, daß die Gase und Wasserdämpfe, die sich bilden, aus dem Innern entweichen. Der Meiler wird zum „Schlagen“ gebracht, d. h. die Gase explodieren im Innern, der Meiler verstockt gegen Ende der Verkohlung und geht aus. Außerdem muß der Köhler den Meiler bei Überhitzen mit Wasser kühlen.

Bau eines Kohlenmeilers im Zastlertal.

Nach 20 bis 30 Tagen erhofft sich der Köhler einen dünnen und bläulichen Rauch, Zeichen dafür, daß der Verkohlungsprozeß beendet ist. Mit Schaufel, Sterhaken und Rechen wird nun der der Meiler „ausgezogen“ und die noch heiße Holzkohle mit Wasser abgelöscht. Erst wenn sie vollständig abgekühlt ist, kann sie auf Wagen oder in Säcke gefüllt und verladen werden.

Je nach Qualität der Holzkohle unterschied man Hütten-, Schmied-, Löt- und Bügelkohle. Aus Fichten und Tannen wurde weiche, aus Buchen schwere Kohle gewonnen. Werkzeug-, Kessel- und Waffenschmieden, später auch Hütten, Schmelzwerke und Hammerschmieden waren Abnehmer der Holzkohle. In den Großstädten wurde sie als Brennmaterial verwendet.

Die Holzkohlenherstellung empfahl sich besonders aus Gründen der Wirtschaftlichkeit. Weil die Wege im Schwarzwald schlecht waren und die Holzkohle bei gleichem Brennwert 80% weniger als Rohholz wiegt, konnte sie über lange Entfernungen billiger und einfacher transportiert werden als das Holz selbst.

Nach der Erschließung des Schwarzwalds durch die Eisenbahn wurde die Köhlerei zurückgedrängt. Nun konnte Steinkohle aus dem Ruhrgebiet billiger, schneller und sauberer in die Fabriken und Städte gebracht werden. Heute wird Holzkohle nur noch für die chemische, pharmazeutische und farbenproduzierende Industrie oder zum Grillen hergestellt.

Nachts zogen die Leute vom Kniebis mit Kerzen in den Wald, um die angerissenen Fichten zu suchen und mit dem Kratzeisen die Harzkanäle zu leeren.

Der Pottaschesieder

Auch der Pottaschesieder griff auf die reichhaltigen Holzvorräte des Schwarzwaldes zurück. Sein Erzeugnis, die Pottasche war für die Glashersteller, wie wir noch sehen werden, unentbehrliches Rohprodukt.

Für die Gewinnung von Pottasche wurde Holz in Grub- oder Ascheöfen zu Asche verbrannt. Nach der Reinigung der Asche von Kohleresten und Steinen wurde sie befeuchtet, und wenn sie längere Zeit an der Luft lag, verwandelte sich das Kalziumsilikat durch die Kohlensäure der Luft in Karbonat. Nun wurden die wasserlöslichen Bestandteile in großen Laugenfässern oder Schlammbottichen von den unlöslichen getrennt. Aus dem durch Verdunstung entstandenen Konzentrat der Lauge gewann man durch Versieden in eisernen Pfannen oder Kesseln die dunkelbraune, rohe Pottasche. Diese mußte in Kalzinieröfen weiter erhitzt und unter mehrmaligem Umschaufeln völlig entwässert werden. Jetzt endlich war die weiße Pottasche gewonnen.

Der Vorgang belastete den Wald ganz erheblich, während das Holz nur zu 2% ausgenutzt wurde.

Erst nachdem die Gewinnung von Soda aus Kalisalz möglich war, verschwand die Pottaschesiederei. Soda, das sehr viel billiger herzustellen war, konnte bei der Glasherstellung die Aufgabe der Pottasche übernehmen.

Die Flößerei

Geschichtliches

Das älteste Floß hat man in Württemberg nördlich der Alpen im wilden Ried des Federees unter mehreren Metern Torf gefunden. Es stammt aus der Bronzezeit. Es bestand aus wenigen, etwa 5 m langen Stämmen, die behauen waren und mit Bastseilen zusammengehalten wurden.

Cäsar berichtet im Gallischen Krieg, daß 58 v. Chr. die keltischen Helvetier die Saône auf Flößen überquerten.

Kelten, Germanen und die Römer benutzten Floßfähren zum Transport von Materialien. Man brauchte sie aber auch für die Holzversorgung des römischen Heeres. Die zahlreichen Militärlager mußten nicht nur erstellt sondern auch unterhalten werden. Man mußte Brücken bauen und Schiffe für die Versorgung der Truppen.

Der Statthalter der Provinz Niedergermanien in Mainz hat deshalb immer wieder Arbeitskommandos zur Holzbeschaffung zu den Kastellen Obernburg, Stockstadt und Trennfurt am Main abkommandiert. Die drei Kastelle lagen unweit der waldreichen Buntsandsteinhänge des Odenwaldes oder des Spessarts. Die Soldaten fällten die Bäume und transportierten sie als Flöße auf dem Main nach Mainz und zu anderen Plätzen. Im frühen 3. Jahrhundert schätzten die Soldaten diese Arbeitseinsätze an der unruhigen Grenze zu den Germanen nicht sehr. Sie waren froh, wenn die Flöße abfahrtbereit waren, und erleichtert widmeten sie den Göttern Steinaltäre als Dank dafür, noch einmal heil davongekommen zu sein.

Neben den Floßfähren und den Holztransportflößen, wurden auch Fischereiflöße gebaut. Bis ins 19. Jahrhundert noch wurden sie zum Fischfang benutzt.

Eine weitere Form der Flößerei war die Trift – sie heißt auch ungebundene Flößerei. Kurzes Holz wurde ins Wasser geworfen, am Bestimmungsort mit Rechen aufgefangen und zu einem festen Floß zusammengebaut.

Die ältesten Urkunden über die Flößerei stammen aus dem Mittelalter. Bereits im 13. Jahrhundert wurde auf der Saale, der Elbe und dem Rhein und den Alpenflüssen Holz geflößt. Im Jahre 1477 passierten in Wolfratshausen 2884 Flöße die Zollstelle.

Sicherlich waren die unglaublich schlechten Straßenverbindungen Grund für die Beliebtheit des Flößens. Der Transport auf der Straße war zu aufwendig, und die rasch anwachsenden Städte brauchten immer mehr Brennholz. Holz für Handwerksberufe wie Küfer, Tischler, Böttcher oder Drechsler, Bauholz für die Fachwerkbauten war gefragt. Besonders nach großen Bränden, von denen die Städte immer wieder heimgesucht wurden, stieg der Holzbedarf an. Auch die fürstlichen Hofhaltungen brauchten für den Bau von Schlössern und Kirchen viel Holz. Allein für den Bau der Frauenkirche in München wurden 1475 mit Isarflößen 2100 Baumstämme transportiert. Das Dach des Stefansdoms in Wien besteht aus Floßholz vom Isartal.

Besonders groß war der Holzbedarf der großen Hafenstädte Hamburg, Bremen und der holländischen Häfen. Für den Schiffs- und Gebäudebau und

Ungebundene Flößerei, auch Drift genannt. Kurzes Holz wurde ins Wasser geworfen und am Bestimmungsort mit Rechen aufgefangen.

für Rammpfähle wurden hier bis ins 19. Jahrhundert hinein gewaltige Holzmengen benötigt. Amsterdam steht auf Tausenden von Pfählen, die im Schwarzwald geschlagen und den Rhein hinabtransportiert wurden.

Neben dem Nadelholz für Mastbäume brauchte der Schiffsbauer Kielholz aus Buche, Knieholz aus Eiche und für Rumpf und Planken dicke Bohlen aus Eiche. Die großen Seemächte Spanien, Portugal, Holland, England und Frankreich benötigten für ihre Flotten vor allem langes Eichenholz, brauchte man doch für den Bau eines Kriegsschiffes 700 möglichst lange Eichenstämme oder 2,5 ha Eichenwald und für den Achtersteven, der das Ruder trug, eine bis zu 12 m lange und 75 cm dicke Eiche.

Auch Bergbau und Hüttenwesen verschlangen im 15., 16. und 17. Jahrhundert sehr viel Holz. Die Landesherren, die immer mehr Mühe hatten, die neu entstehenden Betriebe mit Holz zu versorgen, unterstützten die Flößerei, um den Holznachschub zu gewährleisten.

Salinen und Glashütten waren ebenfalls Großabnehmer. Eine einzige Glashütte vernichtete im Jahr etwa 80 ha Wald. Und der Jahresverbrauch der Saline in Lüneburg von etwa 550000 rm Holz wurde im 14. und 15. Jahrhundert auf der Elbe, der Ilmenau, Neetze und Jeetzel Holz dorthin transportiert. Die vier Salinen des Salzkammergutes – Hallstatt, Ischl, Ebensee und Aussee – hatten einen Jahresbedarf von 178000 rm Holz.

Die Oblastenflöße

Auch für den Warentransport war die Flößerei bedeutsam. Edlere Hölzer wurden nicht geflößt, sondern auf Nadelholzflößen transportiert. Man nannte dies Oblastentransporte: die Flöße wurden mit Schnittholz, Latten, Küfer-, Wagner- oder Schiffsbauholz, mit Fässern, Holzkohle, Harz, Pech und Asche beladen. Von Mittenwald, das an der Handelsstraße nach Italien lag, wurden die auf Saumtieren über die Alpen gebrachten Waren – Olivenöl, Gewürze, Samt, Seide oder Wein – auf Flößen weiter isarabwärts transportiert. Aus dem Isarwinkel bei Tölz kam gebrannter Kalk nach München, und die Brauereien des 18. Jahrhunderts lieferten auf Flößen ihr Bier von Tölz nach München. Von 1860 bis 1876 kamen auf der Isar jährlich 8000 Flöße nach München,

Die hohe Zeit des Flößens

Im 18. und 19. Jahrhundert erlebte dann die Flößerei ihren Höhepunkt. Mit zunehmender Nachfrage mußten im Schwarzwald die Bäche und Flüsse für den Floßbau ausgebaut werden.

Die kleinen Schwarzwaldflöße wurden auf dem Rhein mehrmals zusammengebaut und vergrößert, bis Hauptflöße von 400 m Länge, 80 m Breite und 5 m Höhe mit ca. 12000 fm Inhalt und einem Wert von umgerechnet vielen Millionen DM entstanden. Auf ihnen fanden bis zu 800 Personen, darunter auch Auswanderer Platz. Allein 1856 fuhren 4251 große Flöße mit Schwarzwaldholz rheinabwärts.

Die Folgen der Flößerei

Über viele Jahrzehnte hinweg verdienten Landesfürsten, Flößerkompanien, Holzbauern sehr viel am Holzverkauf, die Waldverwüstungen jedoch trugen

Ein Waldfloß wartet im trockenen Bachbett auf Schwellwasser, das aus der naheliegenden Floßstube kommt.

Ein Holländer schießt über eine Riese ins Tal zum Polderplatz. Im Winter schießen täglich 100 – 300 Stämme ins Tal.

dazu bei, daß Waldland verödete. Im Schwarzwald war der Wald um 1800 in den vom Wasser zugänglichen Lagen fast völlig verwüstet. Es gab fast keine großen Bäume mehr, und auch das Schwachholz verschwand, denn es wurde von Köhlern und Aschebrennern verkohlt. Durchziehende Rinderviehherden fraßen alles ab, was nachwuchs, oder zertraten es.

Erst eine intensive Aufforstungspolitik im 19. Jahrhundert brachte Abhilfe. Der bedenkenlose Umgang mit dem Wald hatte aber auch – wie wir oben gezeigt haben – dazu geführt, daß sich der Wald weitgehend verändert hat, und einige Holzarten, die als Floßhölzer besonders begehrt waren, waren fast verschwunden.

Die Furcht vor noch größerer Holznot und damit vor einer Stillegung von Hütten und Salinen veranlaßte die Landesherren, die Bevölkerung durch Forst- und Holzverordnungen zur Sparsamkeit beim Holzverbrauch zu erziehen.

Relativ früh wurde eine planmäßig geordnete Forstwirtschaft entwickelt, deren Auswirkung wir noch heute beobachten können.

Der Floßbau

Rotten von 10 – 15 Männern fällten zur Winterszeit in den mächtigen Waldgebieten des Schwarzwaldes die Holländer, eine gefährliche und mühevolle Arbeit. Die Stämme wurden entrindet und für den Abtransport ins Tal vorbereitet.

Bis in die fünfziger Jahre unseres Jahrhunderts hinein wurde das Holz nach einer uralten Schwarzwälder Methode von den Höhen zum leicht erreichbaren Lagerplatz, dem Polder, ins Tal geriest. In Bodenrillen oder in Bahnen, die aus Stämmen gebaut waren, rasten die vorne wie ein Torpedo zugespitzten Bäume mit ungeheurer Geschwindigkeit auf schneller und eisglatter Bahn in oft nur wenigen Minuten zu Tal. Es war eine zweckmäßige, aber überaus gefährliche Art des Holztransportes. Schoß ein Baumstamm über den Rand, konnte es zu schweren und folgenreichen Unfällen kommen.

Waren die Stämme im Winter auf die Polder gelangt, begann die Arbeit der Flößer. In einem Bähofen wurden die 6, 8, 12 oder mehr Fuß langen grünen Tannenstämmchen, Eichen, Birken, Buchen oder Haselstauden erhitzt. Am Wiedstock, einem starken, in die Erde eingegrabenen und mit einem Loch versehenen Stück Eichen- oder Buchenholz, wurde mit Hilfe der Drehstange aus dem harten, erwärmten Holz eine Wiede gedreht. Diese wurde vom Wiedenstock genommen, zu einem Ring zusammengeschlungen und dann an der Luft oder im Rauch getrocknet. Die Wiede zeichnete sich durch große Haltbarkeit und Elastizität aus, was sie sie zu einem idealen Verbindungselement machte.

Junge Nadel- oder Laubholzstämmchen werden im Bähofen erhitzt und im Wiedstock zur Wiede gedreht. Zu einem Ring gebunden wurden sie an der Luft oder im Rauch getrocknet.

Die Flößer konnten meistens im März mit ihrer Arbeit beginnen. Mit den Flößerwerkzeugen – dem Krempen zum Ziehen der Stämme, den Wendehaken zum Drehen der Stämme und dem Griff zum Anheben und Bewegen des Stammes – wurden die gelagerten Stämme auf dem Land in Längen eingeteilt und an den Enden mit der Axt abgerundet. Mit dem Wiedbohrer wurden die Spitzen der Stämme durchbohrt, um später die Wieden einziehen zu können. Floßschrauben aus Metall wurden erst später entwickelt.

In den Einbindestuben wurden die Stämme ins Wasser gerollt, nebeneinander gereiht, nach der Länge in einzelne Gestehre eingereiht und mit den Wieden dann verknüpft. Dies geschah am „Zopf“ – dünnes Ende – und auch am „Stock“ – dickes Ende. Die Einbindearbeit mußte zügig durchgeführt werden, da das Floßwasser möglichst lange freigehalten und nicht durch den Floßbau versperrt sein sollte. In der Chronik von Wolfach finden wir eine Vorschrift, die für den Bau von Holländerflößen 3 und für den Bau von Gemeinflößen nur 2 Tage gestattete.

Besonders im Frühjahr und im Herbst war das Einbinden des Floßes schwierig, da wegen des kalten Wassers mit wasserdichten Lederstiefeln, die teilweise bis zum Unterleib reichten, gearbeitet werden mußte. Diese Tage wurden deshalb im nördlichen Schwarzwald Stiefeltage genannt. Sie brachten dem Flößer einen Zuschlag von 10% zum Tagelohn. Für die harte, zehrende und anstrengende Arbeit gab es in der Wolfacher Schifferschaft schon im 16. Jahrhundert Tarifverträge,

Im seichten Wasser werden die Baumstämme mit den Wieden zu Gestören und die Gestöre zum Floß zusammengebunden, eine harte und mühsame Arbeit im kalten Wasser.

Ein Rheinfloß kommt im Hafen von Dordrecht an. Die Kapitalflöße waren 300 m lang und 50 m breit und hatten eine Besatzung von über 500 Personen.

die den Floßknechten jeden Tag mindestens eine Fleischration, 4–5 Liter Bier oder ein halbes Maß Wein als Verpflegungsproviant zuschrieben.

Die Wald- oder Talflöße bestanden aus 15–25 Gestehren und je nach Bachbreite aus 6 bis 15 nebeneinander liegenden Stämmen. Als Steuerelement wurde aus verschieden langen Stämmen ein spitz zulaufendes Gestehr gebaut, das Vorplätz. Dieses wurde noch mit einem Ruderbaum versehen, um in den engen Tälchen eine Steuerung zu ermöglichen.

Die Floßfahrt

In zahlreichen Stauweihern und Wasserstuben wurde das Wasser gesammelt und aufgestaut, d. h. gespannt. Wurde das Wehr oder die Wasserstufe geöffnet, kam mit Hilfe des Schwellwassers das Floß in Fahrt. Immerhin brachten es die Tal- oder Waldflöße schon auf eine Länge von 200 bis 300 m.

An den Spannstätten – an der Mündung von Bächen oder Flüssen – wurden im seichten Wasser die Wald- und Talflöße zu größeren Einheiten, zu Gliederflößen, umgebunden oder umgespannt. Diese erreichten dann schon Längen bis zu 600 m.

Falls noch nicht vorhanden, wurden jetzt Sperren eingebaut. Je nach Länge des Floßes waren dies eins bis vier Sperren: In den Gestehren wurden kürzere Stämme eingefügt, so daß 40 bis 60 cm lange Bremslöcher entstanden, in die die „Stümmel“ auf den Flußgrund hinabgestoßen werden konnten.

Die Flöße wurden je nach Stärke des Holzes in Gemeinholz, Gefrömtholz, Tromholz, Bord oder Holländerflöße

eingeteilt. Zumeist erhielten die Flöße nun auch eine Oblast, soweit die Tragfähigkeit dies zuließ.

Näherte sich das Floß dem nächsten Wehr, wurde der Gamber geöffnet, um das Schwellwasser heranzuholen. Der Gamber war ein schwenkbares Teil im Wehr, das die Fahrrinne für das Floß freigab. Die Geschicklichkeit der Flößer bestand nun darin, die Geschwindigkeit des Floßes mit der Geschwindigkeit des Schwellwassers zu koordinieren. Mit Hilfe des Sperrstümmels oder der Kratzbremse wurde die Fahrt des Floßes verlangsamt. Wurde zu heftig gebremst, bestand die Gefahr, daß das Floß auseinanderriß oder die Wehre und Fischereieinrichtungen beschädigt wurden. Wurde zu spät gebremst, konnte das Floß über die Schwallung hinausschießen und sich ins Ufer bohren. Wurde zu früh gebremst, saß das Floß nach der Wasserschwallung auf. Oftmals dauerte es bis zu 24 Stunden, bis wieder neues Schwellwasser zur Verfügung stand und das Floß wieder flottgemacht werden konnte. Aber auch durch falsche Steuerung mit dem Vorplätz kam es immer wieder zu schweren Unfällen, da sich das Floß in die Uferböschung oder in eine Sandbank bohrte und ruckartig zum Stehen kam.

In Willstätt, Kehl oder Straßburg wurden dann die ankommenden Flöße zu Rheinflößen zusammengefaßt. An den Mündungen der Murg, des Neckars oder des Mains wurden die Kapitalflöße zusammengestellt, die meist 300 m lang, 50 m breit waren und einen Tiefgang von 1,50 m hatten.

Die Besatzung dieser Floßgiganten bestand aus dem Floßherrn, Gehilfen, Dienern, 2–3 Köchen, 2 Metzgern, einem Proviantmeister, dem Steuermann, mehreren Floßmeistern, 70–80 Ackerknechten und bis zu 400 Ruderknechten. Diese Besatzung war auf schwimmenden Dörfern untergebracht und verzehrte auf der Strecke von Mannheim nach Dortrecht mehr als 40000 Pfund Brot, 15000 Pfund Fleisch, 10000 Pfund Käse, ebensoviel Butter, 800 bis 1000 Pfund Rauchfleisch, 30–40 Malter Salz, 500–600 Faß Bier, 6–8 Fuder Wein. Für die Frischfleischversorgung hielt man auf dem Floß für die Schweine, Ziegen und Hühner.

Ein Holländerfloß hatte 16–20 Streichen als Steuerruder, das von 7 Mann bedient werden mußte. Am vorderen Ende des Floßes waren ebenfalls bis zu 22 Streichen auf einem Kniestück untergebracht. Die Kniestücke waren kleine Flöße in der Länge eines Stammes, die untereinander und mit Abstand dem Hauptfloß durch Wieden oder Ketten verbunden waren. Wollte man auf den großen Flößen die

Fahrt bremsen – und dies mußte man während der Nacht tun – wurden mit Hilfe von Ankernachen Anker ans Ufer ge-bracht, um die riesigen Holzmassen anzuhalten. Diese rissen am Ufer entlang und brachten damit das Floß langsam zum Stehen. Da nun ein solches Floß recht schwierig zu steuern war, ruderte ein War-Schauer mit einem kleinen Boot in etwa 4 km Abstand voraus, um das Floß rechtzeitig anzukünden. Schiffsbrücken konnten nun rechtzeitig ausgefahren werden, und die Schiffahrt gab rechtzeitig die Fahrrinne frei.

Kam ein riesiges Floß in Dortrecht an, wurden die einzelnen Rheinflöße auseinandergebaut und auf Land ins Holzlager geschleift. Oft dauerte es dann bis zu 2 Jahren, bis alles Holz verkauft war und seiner Verwendung zugeführt wurde.

Die Schifferschaften

Weit und beschwerlich waren die Wasserwege von den Höhen des Schwarzwaldes hinab zum Rhein. Viele Städtchen und Dörfer reihten sich an den Ufern und viele eigenstaatliche Herrschaften schlugen aus den wasserreichen Verkehrsadern klingende Münze. Von altersher hatten sich die Standesherrschaften die Wasserrechte vorbehalten. Die Säuberung und Räumung der floßbaren Wasserläufe und deren Nutzung überließen sie aber gegen Entgelt bzw. Zoll den Schifferschaften, den genossenschaftlichen Vereinigungen, die sich durch Jahrhunderte mit der Flößerei befaßten.

Schon bei ihrer ersten Erwähnung traten die Schifferschaften als Organisationen auf, die sich längst im Handel bewährt hatten. Man darf sie wohl zu den ersten genossenschaftlichen Zusammenschlüssen im deutschen Wirtschaftsleben zählen. Sie waren aus der Notwendigkeit heraus entstanden, den weiten und beschwerlichen Wasserweg für die Flößerei herzurichten, Teiche und Wehre, Floßgassen und Anlegeplätze zu bauen und zu unterhalten, was in der geldarmen Zeit des Mittelalters und des damit verbundenen Risikos niemals in den Händen eines einzelnen Unternehmers hätte liegen können, schon allein deshalb nicht, weil in den Zeiten der Vielstaaterei die Flußläufe durch vielerlei Herrschaftsbereiche verliefen.

Die Standesherrschaften haben sich nicht selbst mit der Flößerei befaßt, sie haben sie ihren Untertanen überlassen. Allerdings erließen sie Floß- und Zollordnungen und bezogen hohe Einkünfte aus diesem Gewerbe.

In einer Urkunde von 1339, die den Bürgern von Gengenbach die Floßholzabfälle aus den Klosterwaldungen überließ, werden die Schwarzwälder Holzflößereien zum ersten Mal erwähnt. Eine weitere Urkunde stammt aus dem Jahre 1342 und bezieht sich auf die Enz, Nagold und Würm, deren Zusammenfluß bei Pforzheim zum Haupttor der Enzflößerei und damit auch der Neckarflößerei wurde.

Im Jahre 1399 wurde zwischen Baden und Eberstein ein Vertrag über das Flößergewerbe auf der Murg abgeschlossen. Die Murgschifferfahrt war entstanden. Im Gegensatz zu anderen Schiffahrtsgesellschaften nannte sie sich selbst auch Waldmarkgenossenschaft, womit sie sich als Besitzer von mächtigen Waldungen und Sägewerken am Flußlauf auswies.

Das dritte große Floßgebiet des Schwarzwaldes war das Gebiet der Kinzig. Hier betätigten sich vor allem die Schiltacher und Wolfacher erfolgreich in der Flößerei, wie dies die Floßordnung von 1470 belegen kann.

Auch auf der Acher, der Wutach, der Gauchach und auf dem Steinerbach wurde Flößerei betrieben, ohne daß sie aber von besonderer Bedeutung war.

Die Flößerei im Kinzigtal

Der Abtransport des schier unvorstellbaren Holzreichtums in den unübersehbaren Wäldern des Wolf- und Kinzigtales konnte nur durch die Flößerei bewältigt werden. Die Straßenverhältnisse waren bis auf wenige Strecken katastrophal und für einen Langholztransport völlig ungeeignet.

Der umfangreiche Waldbesitz der Klöster Alpirsbach, Rippoldsau und Wittichen vermehrte nach deren Auflösung (1803) den Grundbesitz der Fürstenbergischen Standesherrschaft.

In Wolfach, dem Sitz der Fürstenbergischen Standesherrschaft am Zusammenfluß von Kinzig und Wolf wurde 1470 der Grundstein für eine vorbildliche Floß- und Zollordnung gelegt. Sie war an der Ordnung der Murgtalschifferschaft orientiert, anders aber als an der Murg war im Kinzigtal der Floßherr (= Schiffer) nicht gleichzeitig auch der Waldbesitzer. Die Genossenschaften und Schifferzünfte in Alpirsbach, Schramberg, Schiltach und Wolfach mußten also das Holz, das sie bis zum Floßhafen nach Kehl oder gar nach Amsterdam transportierten, aufkaufen.

Es dauerte aber fast noch 100 Jahre, bis sich 1564 die Württemberger, die Schramberger, die zeitweise zur öster-

Kinzigtäler Flößer nach getaner Arbeit auf dem Weg von Willstätt zurück in die Heimatdörfer.

reichischen Herrschaft gehörten, die Alpirsbacher und Schiltacher und die Wolfacher mit der Fürstenbergischen Standesherrschaft auf eine gemeinsame Floßordnung einigten.

Standesherrschaftliche Unordnung in diesem Gebiet zeigt sich an dem aus Zolldifferenzen herrührendem Verbot für Schramberger Flöße, sich auf den Schiltacher Spannstätten erneut einzubinden. Dies führte dazu, daß die Fürstenbergische Konkurrenz aus Wolfach den Schrambergern die Flöße an den Spannstätten abkaufte. Als Fürstenberger Flöße konnten sie den Schiltacher Zoll zum ermäßigten Tarif passieren.

Hansjakob erzählt

Im Spätherbst zogen die Burschen, Flößer und Holzmacher an den Bächen hin und suchten dicke Haselstauden am Wasser und Waldrand. Dann, wenn der Winter eingebrochen war, erschienen beim Floßherrn ‚der Wieder', das ist der Mann, welcher die Haselstauden zu Wieden drehte, mit denen die Floßstämme zusammengekoppelt wurden. Was im mittleren und unteren Kinzigtal zur Winterszeit der Hechler ist, der den Hanf spinngerecht macht, war im oberen, wo kein Hanf wächst, der Wieder. Der heizte den Backofen vor dem Hof, blähte und dampfte darin die Haselstauden und drehte sie dann an einem Holzpflock zu Wieden, welche stark wie Draht die gewaltigen Stämme zusammenhielten in Wogenprall und Felsendruck. Während der Wieder unten im Tal seine hölzernen Seile flocht, standen die Holzmacher im Schnee droben in den Wäldern und fällten die stolzen Waldköniginnen, indes der Rauch ihres Feuers, an dem die Holzmacher ihr Essen wärmten, langsam über die Forste hinzog. Kam dann der Frühling ins Land, war das Eis gebrochen und der Schnee geschmolzen, dann wurden die geputzten und entästeten Tannenbäume zu Tal geriest, eine ebenso schwierige wie gefährliche Arbeit. Tannenbäume werden von der Höhe bis hinab ins Tal so gelegt, daß sie einen Kanal bilden. In diesen Kanal werden die Kameraden hineingeschoben und sausen dann mit ebenso großer Gewalt wie Schnelligkeit zu Tal. Sind die Stämme all drunten auf der Talsohle, so werden sie am Bach zu Flößen gebunden. Gestöhr an Gestöhr, bis zu einer Länge von 1.500 Fuß. Jetzt wird das Wasser oberhalb des Floßes gestaut und in einem Weiher gesammelt.

Aus: Heinrich Hansjakob: „Der Fürst vom Teufelstein".

Die Floßbarmachung der Gewässer

Viele kleine Nebenbäche, aber auch Flüsse wie Schiltach, Kinzig und Wolf wurden mit Wehren versehen, die die notwendige Wasserschwallung für die Talfahrt der Flöße lieferten. Durchgangswehre mußten mit dem Fahrloch versehen werden, um das Passieren eines Floßes zu ermöglichen. Auch heute noch ist bei den Wehren in Schiltach oder Haslach der schwenkbare Teil, das Fahrloch, zu erkennen. An seichten, d. h. ruhigen Gewässerstreifen befanden sich die Spannstätten, an denen die Flöße eingebunden wurden. Spannstätten brauchte man natürlich auch an den Zusammenflüssen der Bäche, an denen die Flöße neu eingebunden werden mußten. Noch heute kann man in Schiltach am Friedhof vor dem Zusammenfluß von Schiltach und Kinzig und in Wolfach an mehreren

Stellen die Spannstätten erkennen. Aus dem Boden ragende eiserne Mähren zeugen von diesen zeugen von ihnen.

Mancherlei Streitigkeiten behinderten die Flößerei. Die Standesherrschaften kämpften um Zollabgaben. Die Flößer verkehrten untereinander auch nicht immer allzu friedlich, und die Auseinandersetzungen mit solchen Gewerben, die Wasser brauchten, rissen nicht ab. Auch die Fischerei war durch den Wehrbau behindert, und die Mühlenbetriebe wurden durch das Aufstauen der Schwallungen trockengelegt.

Die Flößerei scheint gegen Ende des 16. Jahrhunderts einen ihrer Höhepunkte erreicht zu haben. Der Wohlstand der Bevölkerung wuchs. Der Bürger konnte seinem Reichtum auch nach außen sichtbar machen. Er baute, und das belebte wiederum die Flößerei. Aus Holz entstanden die feingliedrigen Fassaden und schöne Fachwerkhäuser .

In den Waldungen fielen die Bäume unter den Schlägen der Äxte; die Wasser der Bäche trugen das Holz hinaus ins Land zu den Sägemühlen und auf die Werkplätze. Geld kam in die Waldtäler, und der Waldbauer wurde schließlich zum Begriff für Wohlstand und Reichtum. Leidtragende war der Wald.

Hansjakob erzählt

Im 16. Jahrhundert war jeder Wolfacher Schiffer von der Herrschaft aus gezwungen, Reben anzulegen, um so dem Weinbau aufzuhelfen. Die Flößer sorgten dadurch auch für sich und ihre Knechte, da beide ein trinkbares Geschlecht waren. Sauer muß er gewesen sein, der selbstgepflanzte Wolfacher, auf dessen Boden längst wieder Tannen stehen; aber getrunken haben sie ihn doch, die biederen Flößer und ihre Knechte, vom Morgen bis in die sinkende Nacht. Und bald mußte die Herrschaft „die Schlaftrünke als ein Überfluß und unnötige Füllerei den Schiffherren und Knechten“ bei 1 Pfund Heller Strafe verbieten.

Die Flößer hielten im Tal nur da Einkehr, wo es guten Wein gab. Es fing an in Wolfach (Adler, Zähringer, Engel, Sonne), Hausach (Hirsch), Haslach (Kreuz, Raben), Steinach (Adler), Biberach (Sonne, Krone), Gengenbach (Adler), Ortenberg (Engel), Offenburg (Sonne, Grüner Baum oder Wiede). Es kam auch vor, daß, wenn an einem heißen Tag gefahren wurde, das Floß angehalten wurde, ich vorauslaufen mußte und das „Lägel“ füllen und dann wieder einsteigen konnte. Dies ließ sich nur unterhalb Hausach machen, im Sellbach. Einem der Durstigen geschah es im Herrengarten in Wolfach, wo er seinen Freund Fuchsschwanz besuchte, daß sie ihn bei dieser Gelegenheit nötigten zu trinken, bis er nicht mehr konnte, unter den Tisch fiel und sagte: „Leere's nau no über mi naa!“.

Die Trinkfestigkeit der einzelnen Flößer war gewaltig. Namentlich stellte Christoph Trautwein seinen Mann. Er erzählte, als er schon Bürgermeister war, daß er in den vierziger Jahren, bei der Wutachflößerei beschäftigt, mit seinem Schatz, Ochsenwirts Lieseli, zu einer Hochzeit nach Bad Boll gegangen sei und bei dieser Gelegenheit „zusammen“ (?) 24 Schoppen Hallauer getrunken habe; er konnte noch im Spätherbst 1892, im Alter von 75 Jahren, bei einer Hochzeit von Sattlermeister Dieterle 10 halbe Liter Neuen trinken, von nachmittags drei Uhr bis abends

Ein Schiltacher Floß passiert die Fachwerkhäuser von Schiltach und fährt mit dem Schwellwasser aus dem Hochmutsteich auf der Kinzig gegen Wolfach.

neun Uhr, um dann ruhig nach Hause zu gehen. Er hatte auch ein Gewicht von 267 Pfund.

Die wirtschaftliche Blüte welkte rasch unter den Schlägen, mit welchen der Dreißigjährige Krieg auch das Kinzigtal heimsuchte. Die Absatzmärkte lagen verödet, die Aufträge, welche für Holzlieferungen gegeben wurden, waren zumeist sehr anzuzweifeln und der Transport des Holzes war überdies sehr gefährdet. Die Floßeinrichtungen verwahrlosten, die Kinzig war zeitweise wohl überhaupt nicht schiffbar. Die Unterhaltungspflicht der Flußufer war strittig, Säge und Mahlmüller stritten sich um die Wasserrechte, die Kirchensäge, von der das Hochwasser 1639 einen Teil wegriß, war dem Verfall nahe.

Nur langsam erholte sich nach dem langen Kriege das wirtschaftliche Leben wieder. Im Kinzigtal kann ein Aufblühen von Handel und Wandel in jenen Jahren nur spärlich festgestellt werden. Offenbar fehlte es damals auch an unternehmungslustigen und kapitalkräftigen Männern, welche die Führung der Flößerei in die Hände hätten nehmen können.

Zu Anfang des 18. Jahrhunderts waren die ersten Holländer ins Kinzigtal geritten gekommen und hatten auf große Tannen und Fichten gefahndet zu Schiffsbauten. Damit begann der Handel nach Holland, während früher die Schifferschaften vom Kinzigtal nie weiter wie bis Bingen, höchstens bis Köln gefahren waren. Die Flößergespanne gingen nun bis Willstätt, wurden in Kehl umgespannt, gingen dann bis Rastatt oder Mannheim. Von dort übernahmen Holländer Steuerleute diese mit der einheimischen Schifferschaft und geleiteten die Flöße bis nach Holland. Eingebunden waren die Rheinflöße aus mehreren Kinzigflößen in Kehl, und mit einer Bemannung von 40 bis 50 Personen ging's flußabwärts. Dies war die Zeit des enormen Holzbedarfs der Schiffsbaunationen.

Gleichzeitig entstand in Schiltach mit Johann Abraham Trautwein ein starkes Flößergeschlecht, ebenso wie in Wolfach der Schang Armbruster, der legendäre Vater des Theodor, des Seifensieders. Persönlichkeiten, die die Flößerei wieder zu einem Höhepunkt brachten und die Vormachtstellung der Schifferschaft noch einmal zementieren konnten. Dies wird am Beispiel des Simon Bühler von Liefersberg deutlich, der 1785, ohne Schiffer zu sein, sein eigenes Holz bis nach Kehl verflößte, und dies als großer Frevel geahndet wurde.

Nach Jahren der wirtschaftlichen Blüte brachten die napoleonischen Kriege dann auf der Kinzig die Flößerei wieder zum Erliegen. Trotz des Zusammenschlußes zum Lande Baden kam die Flößerei wieder nur sehr langsam ab 1813 in Gang. Doch schon im Sommer 1822 hatten zwei verheerende Hochwasser alle Flöße auf der Kinzig auseinandergerissen, Brücken zerstört und so der Flößerei beträchtlichen Schaden zugefügt.

Aber wieder war es das Geschlecht der Trautweins mit Christoph Trautwein von 1818–1898, der Schang von Wolfach mit seinem Sohn Theodor der Seifensieder von 1815 bis 1898 – beides Symbolfiguren ihrer Schiffergesellschaften – die die Flößerei zu einer erneuten Blütezeit brachten. Der Erfolg läßt oft die Grenzen des Machbaren nicht mehr erkennen. So flößten die Trautweins nicht nur auf der Kinzig, sondern verlegten sich auch noch zur Wutach-Flößerei. Floßweiher in Neustadt wurden gebaut, Waldungen gekauft und auf der Wutach geflößt, ab 1832 auch auf der Steina. Auf beiden Flüssen hatte das Gewerbe aber sehr unter dem Wassermangel zu leiden, da das Wasser im Juratal vielfach versickerte. Immer wieder mußten neue große Sammelweiher gebaut werden. Das Geschäft gedieh nicht richtig, die Trautweins schieden 1835 aus. Dafür wurde 1838 die Wolfacher Schiffahrt-Gesellschaft in die Wutach-Gesellschaft aufgenommen und man begann, das Holz auf dem Rhein bis nach Kehl herabzuflößen.

Das Jahr 1847 hatte für Wolfe und Umgegend eine Heimsuchung gebracht, die mehr schadete als die zwei Revolutionsjahre. Die alte Zunft der Schiffer war infolge von Verlusten und Unglücken zusammengebrochen. Die Schiffer hatten auch die Wutach, den wilden Fluß des Schwarzwaldes, floßbar machen wollen und dabei viel Geld nutzlos ausgegeben. Bei 200.000 Gulden Schaden traf sie, und so ging die Schifferschaft zu Wolfe, die seit vielen Jahrhunderten geblüht hatte, unter. Armut war das Los fast aller Schiffer und vieler Bauern, die an ihnen verloren. Auch der Schang, Theodors Vater, der Holland-Fahrer, war mit in den Fall hineingezogen.

Aus: Heinrich Hansjakob „Theodor der Seifensieder".

Aber nicht nur das Wutach-Abenteuer, sondern schon zuvor das Jahr 1831 veränderte die alten Schifferprivilegien der Städte Schiltach und Wolfach. Die Bauern hatten eine Änderung der Zunftordnung ertrotzt.

Noch einmal lassen wir Hansjakob vom jungen Andreas, dem Bauernfürstenvogt von Kaltbrunn, erzählen.

Ein Bur seiner Vogtei aus Kaltbrunn, das längst badisch geworden war, hat sein Holz außerhalb der Schifferzunft an den Mann gebracht. Die Schifferzunft zu Wolfe droht ihm mit einem Prozeß. Da trat der junge Vogt auf, kehrte den Stiel um und prozessierte gegen die Schifferschaft und verlangte für alle seine Buren die Freiheit, ihr Holz verkaufen zu dürfen, an wen sie wollten. Er spannte seine Rappen ein und fuhr in seiner stolzen Bauerntracht hinab nach Rastatt, wohl 25 Stunden weit und verteidigte seine Buren und ihr Recht bei dem Hofgericht so gewandt und durchschlagend, daß den Schifferherren von Wolfe jeder Eingriff in das Verkaufsrecht der Buren von Kaltbrunn untersagt wurde. Mit der Wegnahme dieses Privilegs war den Schiffergesellschaften praktisch das Rückgrat gebrochen. Jedem Waldbesitzer war das gleiche Recht des Flößens – wie den privilegierten Schiffsherren – zugestanden.

In den Revolutionsjahren 1848/49 wurden beide Flößerpersönlichkeiten, Adolf Christoph Trautwein und Theodor der Seifensieder, verhaftet, da sie den neuen Ideen der Demokratisierung positiv gegenüberstanden.

Ein – aus der Not geborenes – Unternehmen des Flößers Trautwein sei hier erwähnt: 1850 kaufte Trautwein Holz vom Grafen von Bodman am Bodensee, ließ es zu einem Floß zusammenbauen und mit einem Dampfschiff nach Konstanz ziehen, um es bis nach Schaffhausen zu flößen. Dort wurde das Floß auseinandergenommen und auf dem Landwege unterhalb des Rheinfalles gebracht, zusammengebaut, um es dann nach Straßburg zu transportieren. Allerdings blieb es aus Kostengründen bei diesem einmaligen Versuch. Ebenso aus der Not geboren gingen in den 70er Jahren 200 Mann, wo sie in den Karpaten flößten wie in ihrer Heimat. So erzählte dies der Pfaffen-Gregori, der nach vielen Jahren in den Heubach zurückkehrte.

Das Ende der Kinzigtäler Flößerei

In jener Zeit wurden die drei tödlichen Feinde der Flößerei immer sichtbarer:

- 1862 begann der Ausbau der Kinzig- und der Schiltachtalstraße. Ein Straßentransport mußte im Tal und nicht mehr über die Berge erfolgen.
- Der Ausbau der Eisenbahn: 1866 die Strecke Offenburg-Hausach, 1873 Hausach-Villingen, 1878 Hausach-Wolfach, 1886 Wolfach Freudenstadt. Mit der Strecke Schiltach – Schramberg waren ab 1892 die gesamten Waldungen des Schwarzwaldes durch die Eisenbahn erschlossen. Jetzt konnte das Holz, unabhängig von der Jahreszeit, der Witterung, den verfügbaren Arbeitskräften, rasch und pünktlich jederzeit und überallhin an die Lagerplätze oder Sägewerke gebracht werden.

- Der Widerstand der Industrie gegen die Flößerei. Die Mahl- und Sägemüller und aufblühende Industrien benötigten Wasserkraft und führten einen immer härteren Kampf gegen die Flößerei. Nur noch ein- bis zweimal pro Woche durfte das Schwellwasser abgelassen werden. Die Arbeitskräfte fühlten sich in der Industrie merklich wohler und besser bezahlt als bei der harten Arbeit des Wiedendrehens oder des Floßzusammenbindens.

Die Todesglocken der Flößerei läuteten, als im Jahre 1894 die Schiltacher Flößer ihr letztes Floß die Kinzig hinabführten. Schon 1886 war das letzte Wolfacher Floß die Kinzig abwärts gefahren. Es führte eine auf einen grünen Tannenbaum geheftete Tafel von Melchior Vetter aus Bad Rippoldsau mit folgender Aufschrift mit:

„Jetzt flößen wir zum letztenmal
durch dieses schöne Wolfachtal;
was lange unsere Freude war,
ist wohl dahin auf immerdar.“

Den letzten Schiltacher Flößer, Sebastian Armbruster (Heubachflößer), den Wirtschaftsburschen in „Waldleute“ von Hansjakob, trug man am 29. Oktober 1939 auf dem hohen Bergfriedhof in St. Roman zu Grabe.

Die Flößerei hatte über 400 Jahre das Kinzigtal beherrscht. Generationen ernährt, Reichtum und Elend gebracht, eine Landschaft geprägt und war nun innerhalb kürzester Zeit klaglos, aber nicht ganz spurlos verschwunden.

Die Flößerei im Nordschwarzwald

Auch im nördlichen Schwarzwald gehörte die um die Jahrhundertwende eingegangene Flößerei zu den wichtigsten und einträglichsten Waldgewerben. Der größte Reichtum des Waldgebirges, das Holz, konnte wie im südlichen Schwarzwald fast nur auf dem Wasserweg zu den Käufern gebracht werden. Auch hier waren die Straßenverbindungen unvorstellbar schlecht. Ein Transport, der länger als 6–7 Stunden andauerte, machte das Nutzholz zu teuer.

Der Neptunstein, den man bei Ettlingen gefunden hat, deutet darauf hin, daß hier am Gebirgsrand schon in römischer Zeit geflößt wurde.

Im Jahre 1399 wurde zwischen Baden und Eberstein ein Vertrag über das Flößergewerbe auf der Murg abgeschlossen. Dies war der Vorläufer der Murgschifferschaft.

Die Murgschifferschaft wurde 1488 gegründet, besteht also seit über 500 Jahren und dürfte eine der ältesten Gesellschaften sein. Die Murgtäler Flößerfamilien betrieben Wildflößerei und kauften den Grafen von Eberstein Sägemühlen gegen Erbzins ab. Sie waren also von Anfang an nicht nur Handelsherren, sondern sie bewirtschafteten auch Wald, betrieben mit dem Floß den Vertrieb und mit den Sägemühlen die Weiterverarbeitung des Holzes zu Borden (Balken, Bretter, Dielen). Die Murgfloße trugen auch Oblasten in Form von weiterverarbeitetem Holz.

Ihre Blütezeit erlebte die Murgschifferschaft unmittelbar vor dem 30jährigen Krieg, als die Niederlande führende Wirtschaftsmacht wurde. Auch aus dem Murgtal wurden Millionen von Pfählen für den Hausbau und Holz für den Bau von Schiffen, Deichen und Schleusen angefordert. Die Murgtäler schlossen sich damals mit den Pforzheimer und Calwer Schiffern zusammen und gründeten die großen Holländer-Floßkompanien.

Geheimnis des Überlebens der Murgschifferschaft bis zum heutigen Tage war eine strenge Berufsteilung. Die Schiffer waren eingeteilt in

- Waldschiffer: zu ihnen gehörten die Säger, die teilweise auch Sägemühlenbesitzer waren, und die Knechte, die in den Betrieben der Schifferschaft arbeiteten. Aber auch die Murg- und Rheinknechte und die Waldhauer zählten zu ihnen, ebenso wie die Ochsner, die das Holz mit Ochsen schleiften, und die Kürrer, die Holzaufkäufer.
- Die zweite Gruppe stellten die Murgschiffer dar, die das Holz von den Waldschiffern übernahmen und in kleineren Flößen von Hörden und Gernsbach nach Steinmauern an der Murgmündung brachten. Sie wohnten zum Teil in den Orten oberhalb Gernsbach, waren ebenfalls selbständige Unternehmer und zum großen Teil Sägemühlenbesitzer und Waldeigentümer.
- Die dritte Gruppe umfaßte die Rheinschiffer, die eigentlichen Floßherren, deren Kapital aus Wald und Sägemühlenbesitz bestand. Ihr Sitz war fast ausschließlich in Gernsbach. Sie führten die ungebundenen großen Prinzipalflöße zu den Holzmärkten am Mittel- und Niederrhein.

Mit der Geschichte der Murgschifferschaft sind zwei bedeutende Unternehmer verbunden:

- Jakob Kast beherrschte jahrzehntelang den Floßhandel im Murgtal. Er kam zu sagenhaftem Reichtum, lebte in Hörden und herrschte nicht nur in der Murgschifferschaft, sein Einfluß reichte weit ins Kinzigtal hinein, nach Straßburg und bis nach Mainz. Sein Unternehmen war in jener Zeit wohl das größte in Süddeutschland, und man bezeichnete ihn als den Murgtäler Fuggerle. Als Kast 1617 stirbt, hinterläßt er nicht nur den Kast'schen Almosenfond, sondern ein Vermögen von 480000 Gulden, nahezu alle süddeutschen Landesherrschaften waren bei ihm Schuldner. Er soll sogar die Absicht gehabt haben, sein Wohnhaus mit Silbertalern zu bedecken. Allein 26 Sägemühlen gehörten zu seinem Eigentum.
- Ein weiterer überragender Murgschiffer war Franz Anton Rindenschwerder (1725–1803). Er war der Sohn eines nach Gaggenau eingewanderten Tiroler Holzhauers und arbeitete sich vom Holzhauer, Oberknecht, Meisterknecht, Oberschultheiß zum Murgschiffer empor. Er kaufte die Glashütte vom Mittelberg, schloß mit den Klöstern Frauenalb und Herrenalb Holzakkorde ab und hinterließ bei seinem Tode seinen Nachkommen den ebenfalls ansehnlichen Betrag von 200000 Gulden.

Die Aktivitäten der Murgschifferschaft waren aber nicht nur auf die Wald- und Holzwirtschaft beschränkt. Sie regte den Bau der Murgtalbahn an und die Gründung der Bezirkssparkasse von Gernsbach. Aus den murgschifferschaftlichen, genossenschaftlichen Sägewerken sind Murgtaler Industrieunternehmen hervorgegangen, wie etwa die Firmen Casimir Kast, Katz & Klump und Wieland & Weber (heute Gruber & Weber).

Vom Niedergang

Im Verlauf des 19. Jahrhunderts verlor die Flößerei auch hier durch den Eisenbahnbau (1867) an Bedeutung. Die Murgschifferschaft befürwortete von Anfang eifrig das Bahnprojekt, an dessen Finanzierung sie sich durch die Übernahme von Aktien in Höhe von 150 000 Gulden beteiligte.

Am 31. Mai 1896 wurde der Bahnverkehr feierlich eröffnet und damit das Todesurteil für die Flößerei auf der Murg ausgesprochen. Das Hauptaugenmerk der Schiffer richtete sich nun jedoch auf die Verwaltung des Waldes und auf den Bau eigener Sägewerke. Bis zum heutigen Tag bewirtschaftet sie über 5000 Hektar Wald. Zwar ist der Staat mit 54% der größte Genossenschafter, begrenzt seinen Stimmanteil jedoch auf 35%. Im Verwaltungsrat sitzen noch die alten Familien, deren Vorfahren in Gernsbach gesiedelt haben. Die Zahl der Genossenschafter ist auf über 100 angestiegen. Ihre Anteile sind im Grundbuch von Forbach als Grundstücksgleichrechte eingetragen.

Die Floßstraßen im nördlichen Schwarzwald

Wichtige Floßstraßen im Nordschwarzwald waren die Alp für die Holzversorgung von Karlsruhe und die Pfinz für die von Durlach. In Württemberg wurde seit dem Mittelalter auf der Enz – mit Würm – zum Neckar und zum Rhein geflößt. Auch die Nagold hatte große Bedeutung. Wichtig war natürlich auch die Murg, die aber oberhalb Gernsbach nicht flößbar war.

Ein fast unüberwindbares Hindernis für die Flößerei im nördlichen Schwarzwald stellte die Landesgrenze zwischen Württemberg und Baden bei Schönmünzach dar. Der obere Teil der Murg war württembergisch, der größere untere Teil badisch. Sie konnte deshalb nicht ausgebaut werden. Das Holz konnte aber auch nicht durch badisches Gebiet abgeflößt werden. Also mußten die Hölzer über den Berg ins Enz- oder Nagoldtal transportiert werden. Nur so konnte das württembergische Holz über württembergische Flüsse zum Neckar und zum Rhein geflößt werden.

Ausgangspunkt eines solchen Scheiterweges war unter anderen der „Neuhausplatz“ bei Schönmünzach, unmittelbar an der Landesgrenze. Mit gleichmäßiger Steigung überwindet der Weg hier auf einer Länge von rund 4 km einen Höhenunterschied von etwa 425 m. Vor 200 Jahren diente er dem Scheiterholztransport von der Murg zur Enz.

Schon um 1750 transportierte man mit Hilfe eines „Tannenfuhrwerkes“ – bei bis zu 14 Pferden Vorspann – das Stammholz von Reichenbach auf den Berg nach Igelsberg – über die Besenfelder Senke und dann zur Nagold.

Die kurioseste Transporteinrichtung war die Hutzenbacher Maschine. Sie sollte den Transport der Holzvorräte aus dem Bereich des Hutzenbacher Sees über den Berg ins Enz- und Nagoldtal ermöglichen, bei dem ein Höhenunterschied von 350 m überwunden werden mußte.

Idee und Ausführung dieser Konstruktion stammte von einem Maschinisten namens Christian Keym.

Für den Bau der Anlage im Jahre 1753 benötigte er 700 10 bis 22 Meter lange Baumstämme, aus denen er eine etwa 1200 m lange und 2,20 m breite Bahn aus Baumstämmen baute. Man muß sie sich etwa wie eine Rundholzriese vorstellen. Mit Hilfe von Hanfseilen wurden auf ihr die Stämme bergauf gezogen. Damit die Seile nicht naß wurden, war die ganze Anlage überdacht.

Die Bahn war mit hölzernen Rollen mit eisernen Haken und Rücklaufsperren versehen, und auf der rechten Seite standen 11 Räderhäuser mit Rücklaufsperren.

Jeweils 8 bis 10 Männer waren hier damit beschäftigt, ein großes Rad zu drehen und Stamm um Stamm bergauf zu kurbeln. Während sich das eine Seil, das am Stamm befestigt war, durch die Drehung der Achse aufwickelte, spulte sich gleichzeitig das zweite Seil ab und rutschte mit einem Stein oder mit Metallbrocken beschwert am Rande der Bahn nach unten. Wenn der Stamm ein Räderhaus erreicht hatte, wurde er abgehängt und von der Mannschaft des nächsten Räderhauses weitertransportiert.

Für den Betrieb der Anlage waren 100 Mann erforderlich, und die Überwindung des Höhenunterschiedes dauerte 6–7 Stunden. Pro Tag konnten allenfalls 12 Baumstämme befördert werden.

Die Maschine nahm 1755 ihren Betrieb auf. Es kam aber immer wieder zu großen und schweren Unfällen. Nach 2½ Jahren brach im 9. Räderhaus das Seil, die Stämme schossen ins Tal, und ⅓ der Anlage wurde zerstört. Jetzt sah man sich zur Stillegung veranlaßt und mußte das Holz über „Baumwege" von der Röth zur oberen Nagold und von Hutzenbach über Besenfeld zur Enz und Nagold transportieren.

Die Holzhandelsplätze

Als die drei wichtigsten Holzhandelsplätze und Sitz von Schifferschaften entwickelten sich im Nordschwarzwald die Städte Calw, Gernsbach und Pforzheim. 1720/26 vereinigten sich die Holzhändler aus Calw, Wildbad, Liebenzell, Kalmbach und Neuenbürg zu einer großen Handelsgesellschaft, die gegen Abgaben (Admodiation) die Flößerei auf der Nagold und Enz betrieben. In Württemberg war privater Holzhandel nach Holland nicht zugelassen.

Der Neuenbürger Kommerzienrat Lidl vermarktete mit seinen Gesellschaftern die Holzvorkommen aus den Neuenbürger und Freudenstädter Waldungen. Große Bedeutung erreichte die Calwer Holzhandelskompanie, die 1755 aus dem Zusammenschluß von Holzkaufleuten entstand. Sie durfte jährlich bis zu 2500 Holländertannen verflößen. 1758 erhielt die Pforzheimer Floßkompanie unter Jakob Fauler das Recht zur Ausbeutung der Waldungen im Langenbach und im unteren Schönmünztal.

Bis in die Wälder von Bad Rippoldsau und Schapbach ging die Kahlschlagpolitik der Calwer Kompanie. Um 1800 waren über 60% des nördlichen Schwarzwaldes durch die Flößer und Glasmacher verwüstet. Den Rest besorgten die Viehhirten mit ihrem Vieh, welches sie auf die Flächen trieben. Nur in mühevoller Kleinarbeit gelang es dann den murgschifferschaftlichen Forstmeistern, die restlos verwüsteten Wälder des Murgtales wieder aufzuforsten und für weitere Generationen zu sichern. Noch heute zeugen die zigtausende Hektar Waldflächen dieser Region von der damaligen Forstpolitik.

Schon wenige Jahre nach ihrer Gründung erlangte 1758 die Calwer Holzkompanie unter J. Vischer durch die Floßbarmachung der Murg große Bedeutung. Ein Jahrzehnt lang dauerten die Arbeiten, um die Granitschlucht der Murg durchgängig floßbar zu machen. 125000 fl wurden dafür aufgewendet. Die Calwer erhielten dafür für 30 Jahre das alleinige Recht, auf der Murg Langholzflößerei zu betreiben. Damit konnten sie in Konkurrenz zur mächtigen Murgschifferschaft treten. 1763 einigte man sich im Schönmünzacher Flußakkord darauf, daß das Stammholz über die Murg direkt zum Rhein zu schaffen sei.

Die Holztransporte wurden zum Rhein geführt. Aber als um 1780 in Württemberg das Brennholz knapp wurde, beschloß man, das württembergische Brennholz im oberen Murgtal im Lande selbst zu nutzen. Das Scheiterholz durfte nun nicht mehr über die Grenze. Der „Ober-Weeg-Inspector" Grohs suchte nach einem Ausweg. Er fand ihn am Hang des Grubenbergs. 200 in- und ausländische Arbeitskräfte wurden eingesetzt, um diesen Weg zu bauen, so daß dieser noch 1781 fertiggestellt werden konnte. Ein Rechen in der Murg im Bereich der damaligen Wasserstufe an der Landesgrenze leitete das über Schönmünz und Murg herbeigeflößte Scheiterholz durch einen Kanal in ein Auffangbecken, das in den Neuhauswiesen (heute Klärwerk) angelegt wurde. Auf den dortigen Wiesen erstellte man ein Gebäude, das „Untere Haus", als Unterkunft für Arbeitskräfte und die etwa 30 Pferde.

In den Sommermonaten wurden 10000 Klafter Holz (40000 Raummeter) über die Besenfelder Schwenke, die alte Weinstraße zum „Oberen neuen Haus" auf den Berg gebracht und dort gelagert. Diese Menge bedeckte immerhin eine Fläche von 200 x 100 m, auf dem das Holz 2 m hoch gestapelt war.

Im Winter wurde es auf Hornschlitten geladen und mit Menschenkraft über die Hochfläche des Spiegelbergs gezogen. Der Schlitten- oder Winterbahnweg war seitlich durch Holzstangen abgesichert, damit die Schlitten nicht von der Bahn abkamen. Über eine Holzrutschbahn, eine Scheiterholzriese, gelangten die Scheiter dann vom Kopf des Spiegelbergs bei Bopeltal zur Enz, auf der sie mit dem im Bopelsee gestauten Wasser enzabwärts geschwemmt wurden. Da die Wasserführung oft zu gering war, baute man von Spiegelwerb zum Kaltenbach eine zweite Scheiterholzriese.

Das Ende des Rieses mußte etwas unterhalb des Stausees liegen, damit der Holzhaufen durch das künstliche Hochwasser der abgelassenen Schwallung abtransportiert werden konnte. Am Ende der Riese befand sich ein eiserner Auswurf, über den das herabgerutschte Holz wie über eine Schanze auf einen großen Haufen geworfen wurde. Dieses Verfahren wurde bis 1787 angewandt.

Dann kaufte die Calwer Holländer Holzkompanie den Brennholztransport über den Scheiterweg auf, um die Einrichtung stillzulegen. Die Scheiterholztransporte beeinträchtigten nämlich nicht nur den Betrieb der den Calwer gehörenden Glashütte Schönmünzach, die selbst viel Brennholz benötigte, sondern sie behinderten auch die Haupteinnahmequelle der Calwer, den Transport von Stammholz nach Holland.

1788 kam eine Vereinbarung zustande, die es erlaubte, württembergisches Scheiterholz über die Murg nach Rastatt zu flößen. Als Ausgleich kam badisches Holz aus dem Bereich Kaltenbach – Schramberg über die Enz nach Württemberg.

Wegen der hohen wirtschaftlichen Bedeutung der Flößerei beteiligte sich im 19. Jahrhundert der badische Staat

Ein Floß durchquert auf der Nagold Calw. 1880 fuhren hier 180 mächtige Flöße Richtung Neckar.

an der Unterhaltung der Floßstraßen auf der Murg, Enz und Nagold. 1808 war das Holzhandelsmonopol aufgehoben worden, und nun konnte jedermann flößen. Aber die Floßgesellschaften waren nicht mehr in der Lage, die Floßstraßen zu unterhalten, da ihnen das notwendige Kapital fehlte.

Während in den Quellgebieten der Flüsse die Flößerei noch blühte, ging am Rande des Schwarzwaldes das blühende Gewerbe schon seinem raschen Niedergang entgegen. 1867 löste sich die Holländer-Holzkompanie auf, 1886 gaben die letzten Pforzheimer Flößer ihren Beruf auf. 1912 ist die Flößerei auch auf der Enz amtlich aufgehoben worden.

Die Flößerei mußte den Konkurrenzkampf mit den Fahrstraßen aufgeben: 1864 war im Enztal eine durchgehende Fahrstraße gebaut worden, 1857 im Nagoldtal die Wilhelmstraße, 1874 von Pforzheim nach Horb die Württembergische Ostschwarzwaldbahn.

26. Oktober 1889 fuhr auf dem Neckar das letzte Floß an der alten Musenstadt Tübingen vorbei, und zum letzten Mal erscholl zu den Neckarflößern hinüber der aufreizende Studentenruf:

„Jockele sperr!“

Die Tüftler vom hohen Schwarzwald

Nach der ersten Randbesiedlung und der Kultivierung des Schwarzwaldes durch alemannische Adelsfamilien seit dem 8. Jahrhundert erfolgte vom 11. bis zum 13. Jahrhundert in einer zweiten, entscheidenden Phase die Besiedelung des Schwarzwaldes. Sie war das gemeinsame Werk führender Hochadelsgeschlechter, vor allem der Zähringer, der Habsburger und der Grafen von Calw. Auch durch Klöster wurde die Region erschlossen und besiedelt: St. Peter, St. Georgen, St. Märgen, Alpirsbach, St. Blasien und viele mehr.

In einer dritten Phase wurden im 14. und 15. Jahrhundert auch die Hochflächen des Schwarzwaldes bis in eine Höhe von etwa 1000 m Höhe besiedelt. Die Rodungsbauern zahlten hier nur geringe Abgaben, mußten kaum Frondienste leisten und erhielten das Recht, eigene Mühlen und Sägen zu betreiben, zu fischen, Holz zu schlagen oder Wild zu jagen. Man nannte diese relative Unabhängigkeit der Bauern im Schwarzwald „Rodungsfreiheit".

Der Basler Sebastian Münster beschreibt 1544 den Mittel- oder den Hochschwarzwald als ein „rauh birgig und winterig" Land. Karge Böden, ein rauhes Klima, ein Winter, der über ein halbes Jahr andauerte, zwangen die großen Bauernfamilien, nach Mitteln und Wegen zum Überleben zu suchen.

Das Anerberecht, das im Schwarzwald galt, spielte dabei eine wichtige Rolle. Es garantierte das Überleben der Höfe. Gleichzeitig jedoch wurde mit diesem Recht auch das Proletariat der Gütler geschaffen. Dies waren die weichenden Erben der Höfe, die kaum mehr als 2 bis 3 ha Land und vielleicht noch etwas Wald besaßen. Sie waren auf Einnahmen aus Arbeit außerhalb ihrer bäuerlichen Betriebe angewiesen.

An eine Arbeit in der Flößerei war im Hochschwarzwald nicht zu denken, sie war hier nicht möglich. Es blieb den Gütlern nicht viel anderes übrig, als ihre Arbeitskraft für Waldarbeiten, für Glashütten und Köhlereien, Küblereien, Schneflereien und die Schindelherstellung anzubieten – und immer wieder das Hungern. Die hoffnungslose Ernährungslage wurde erst um 1750 durch die Einbürgerung der Kartoffel verbessert, die auch in dem kargen und wenig fruchtbaren Boden der Schwarzwaldhöhen noch recht gut gedeihen konnte.

Wer weiß heute schon noch, wenn er sich als Wanderer oder Langläufer im Gebiet der „Kalten Herberge" oder am „Thurner" bewegt, daß er sich hier im Herzland der Schwarzwälder Tüftler befindet, daß von hier aus die Schwarzwälder Uhr ihren Weg nach Konstantinopel, nach St. Petersburg, nach London oder Pittsburgh antrat. Hier bewegt er sich in der Heimat der Ketterers, der Dilgers, der Kreuzers oder Winterhalters, Namen, die das Herz eines jeden Uhrenkenners höher schlagen läßt.

Wie konnte in dieser abgelegenen Gegend die Uhrmacherei entstehen?

Das Umfeld war vorhanden: Die Gütler boten für diese Arbeit alle Voraussetzungen. Schmalhans als Küchenmeister machte sie genügsam, aber auch erfinderisch, handwerkliche Fer-

Schwarzwälder Uhrmacher in seiner Werkstatt. Längst wurden die Holzwerke von früher durch Metallwerke der Präzisionsuhren getreten.

tigkeiten vor allem im Umgang mit Holz, aus dem die frühen Uhren ausschließlich hergestellt wurden, waren hier hochentwickelt, und der Kontakt nach draußen war durch die Glasträger gewährleistet.

Geschichtliches

Der Ursprung der Schwarzwälder Uhr liegt etwas im Dunkeln. Gesichert ist aber, daß ein Glasträger aus dem Knobelwald (Glashütte) von St. Peter eine hölzerne Stundenuhr von einer seiner Handelsreisen mitgebracht hat. Er hatte sie einem böhmischen Glashändler abgekauft. Diese Wanduhr wurde 1667 von den Brüdern Georg und Mathias Kreuzer aus Waldau auf dem Glashof nachgebaut, wobei der in St. Märgen lebende Schreiner Lorenz Frey mithalf. Diese Uhr ist die erste nachweisbare Schwarzwälder Uhr, und der Glashof hat als Wiege der Schwarzwälder Uhrmacherkunst zu gelten.

Am Anfang kam der Uhrenbau allerdings nicht so recht in Gang. Er geriet immer wieder ins Stocken. Die Zeiten waren unruhig. Der dreißigjährige Krieg hatte auch über die Hochflächen des Schwarzwaldes Schrecknisse und schweres Leid gebracht. Soldaten, Räuber und Mörder hausten auf den Höhen und in den Tälern. Hungersnöte, Elend, Brandschutt und Seuchen zeichneten ihren Weg. Auch die nachfolgenden Kriege, die französisch-österreichischen Kriege, der Krieg mit der Pfalz 1674 und der spanische Erbfolgekrieg, verschonten den Schwarzwald nicht.

So konnte die Uhrmacherei immer nur zwischendurch betrieben werden. Erst gegen 1720 wurden die Versuche, Holzuhren herzustellen, wieder aufgenommen. Erst von dieser zweiten Entwicklungsphase an wurden sie auch gewerbsmäßig hergestellt. Man spricht hier von Hausgewerbe, einem von Bauern auf dem eigenen Hof betriebenen Gewerbe, wobei durchaus schon Lehrlinge und Gehilfen mitwirkten.

In dieser Zeit wurden Waaguhren hergestellt, die nur die vollen Stunden anzeigen konnten. Später fügte man ein zweites Zifferblatt hinzu, das die Viertelstunden anzeigte. Die Uhren hatten einen hölzernen Waagbalken mit 2 Regulierungsgewichten und einfachen Feldsteinen als Gewicht. Sehr genau gingen sie allerdings nicht, genauso wenig wie die großen Turmuhren der Zeit. Um die genaue Ortszeit zu erfahren, mußte man sich schon an die Sonnenuhren halten.

Die Uhrenmacher-Dynastien

Die Begründer der Schwarzwälder Uhrenindustrie und damit die Väter dieses Zweiges waren:

Simon Dilger in Urach, Franz Ketterer und Johann Duffner in Schönwald, Mathias Löffler in Gütenbach und Michael Dilger in Neukirch.

Vor allem Dilger und Ketterer verbreiteten rasch die hohe Kunst der Uhrmacherei. Sie bildeten bereits Lehrlinge aus.

Simon Dilger unterhielt auf der Kalten Herberge eine Art Uhrmacherschule. Hier kamen die Uhrmacher der ganzen Umgebung regelmäßig zusammen, tauschten ihre Erfahrungen aus sprachen über technische Verbesserungen an den Uhren und den Werkzeugen. Das zentral gelegene Gasthaus diente als Stapelplatz für die Uhren, bevor sie von den Trägern und Musterreitern über Land getragen wurden.

Simon Dilgers befähigster und geschicktester Lehrling war sein eigener, 1712 geborener Sohn Friedrich. Bei ihm finden wir alle Eigenschaften vereinigt, die den Schwarzwälder Tüftler auszeichneten. Er war äußerst geschickt in der Bearbeitung der verschiedenartigsten Materialien wie Holz, Glas und Metall, und wachen Sinnes nahm er alles auf, was er an Neuem und Neuentwickeltem sah.

Seiner Aufmerksamkeit entging es nicht, daß die üblicherweise verwendeten weichen Hölzer zu einem schnellen Verschleiß der beweglichen Teile der Uhr führten. Von den Glasträgern hörte er immer wieder, welch kunstvolle Uhren man draußen in der Welt herzustellen verstehe. So nahm der 18jährige kurzentschlossen einen Pack hölzerner Stundenuhren auf seine Krätze und wanderte nach Paris, um dort die Arbeitsmethoden der viel gerühmten französischen Uhrmacher kennenzulernen.

Die Reise nach Frankreich muß von Erfolg gewesen sein. Nicht nur der nach der neuesten Pariser Mode geschnittene Rock beeindruckte die Uracher Mitbürger, sondern auch die technischen Neuerungen und Verbesserungen, die Dilger seither für die Entwicklung immer kunstvollerer Uhren verwendete. Die Schwarzwälder Uhrenmacherei erlebte durch ihn neuen Aufschwung.

Auch 10 Jahre später begab er sich noch einmal auf eine Reise. Dieses Mal wanderte er in den Jura, um das Schweizer Uhrmachergebiet kennenzulernen. Aus Solothurn brachte er die ersten Metallglocken auf den Schwarzwald, die bald die zerbrechlichen Glasglöckchen ablösten sollten.

Die Weiterentwicklung der Uhren

1740 gelang Christian Wehrle die Weiterentwicklung der Wälderuhr, wie die Uhren damals hießen, indem er statt der Waag ein Pendel einführte, welches vor dem Zifferblatt schwang. Dieses Pendel wurde Kuhschwanzpendel genannt, ein recht anschaulicher und im Schwarzwald auf der Hand liegender Name.

Nach der Entwicklung des Blechankerganges setzten sich die Langpendeluhren, die wir heute kennen, durch. Hier wurden die Holzteile, zumindest beim Steigrad, durch Messingteile ersetzt. Diese Teile mußten aus dem „Ausland", aus der Schweiz oder aus Nürnberg bezogen werden. 1787 begann Leopold Hofmeier in Neustadt mit seinen Versuchen, Uhrräder aus Messing zu gießen. Das Messing trat nun immer mehr an die Stelle von Holz.

Die Verwendung von Metallteilen ermöglichte es nun, die Wälderuhren mit Schlagwerken auszustatten, also Wecker herzustellen. Sie hatten zunächst einmal Glasglocken, die später durch Metallglocken ersetzt wurden, bis auch diese durch die Tonfeder ersetzt wurden.

Ein Kuriosum stellte der „Gesindewecker mit Fernbedienung" dar. In die Gesindekammer wurde ein plumpes Weckwerk ohne Uhr aufgehängt. Die eigentliche Uhr, der Herrenwecker, befand sich in der Kammer des Hofherrn. Über eine Zugleitung wurde das Gesinde am frühen Morgen geweckt.

Auch heute noch ist uns die Bauernuhr mit ihrem runden Zifferblatt, den römischen Ziffern und dem meist mit roten Rosen bemalten Schild bekannt. Johannes Dilger auf dem Schottenhof in Neustadt hat sie als erster gemalt. Von ihm haben sie ihren Namen: Schottenuhr.

Um 1780 entwickelte der zuletzt in Hinterzarten lebende Jakob Herbstrieth eine kleine Uhrensorte, deren Gestell nur 8 cm hoch und 6 cm breit war: die Jockele-Uhren. Noch kleiner als sie sind die Sorguhren, die Josef Sorg um 1800 in Neustadt gefertigt hat. Diese Uhren haben ein Zifferblatt von nur 3,2 cm Durchmesser.

Zur gleichen Zeit wurde die Schottenuhr zur Figuren- oder Männleuhr weiterentwickelt. Verschiedenartigste Figuren schlugen nun nicht nur die Zeit an, sondern sie bewegten sich auch: ein Kapuziner läutete, eine Schildwache bewegte sich, ja es gab sogar eine Enthauptungsuhr, bei der man eine Hinrichtung sehen konnte. Es gab dann auch Schnappuhren mit Augenwender, Metzgeruhren und Knöpflifresseruhren. Sie alle sind heute natürlich begehrte Sammelobjekte.

Die Uhrenträger

Die ersten einfachen Wälderuhren wurden gelegentlich von den Glasträgern auf ihren Krätzen mitgenommen. Sie fanden guten Absatz, und die Erlöse waren so reichlich, daß die Uhrmacher bald selbst das Geschäft in die Hand nahmen.

Im Winter stellte der Uhrmacher seine Uhren her, und wenn die Tage länger wurden und die Sonne die Schneemassen allmählich zu Wasser verwandelte, zog er mit seiner Krätze in die Fremde, durch rauschende Wälder und langgezogene Täler, hin zum Breisgau, in das österreichische Schwaben und in die Schweiz. Manchmal leerte sich die Krätze ziemlich rasch, und der Uhrmacher konnte schon nach wenigen Wochen den Rückweg antreten. Manch einer aber blieb monatelang draußen. Aber wenn das Laub begann sich zu färben und die Vogelbeerbäume ihren rotleuchtenden Schmuck anlegten, zogen die Wälderbauern wieder heim in die einsame Hütte an der Berghalde zwischen Tannen, Felsen und Wiesen.

Bald erkannten die Uhrmachermeister, daß es günstiger war, daheim zu bleiben und zu arbeiten, während Familienmitglieder oder vertrauenswürdige Männer den „Verschleiß" – so nannte man den Verkauf der Waren – betrieben. Fortan kauften Uhrenträger beim Hersteller die Waren und zogen in die Welt hinaus, eine Entwicklung, die bei den Glasmachern zuvor ähnlich verlaufen war.

Der erste Uhrenträger war um 1725 Jakob Winterhalter aus Gütenbach. Er zog mit seinen Krätzen los bis nach Sachsen. Dort kaufte er Kanarienvögel ein, zog mit diesen nach Holland und schlug sie dort mit Profit wieder los. Durch seine Erzählungen angespornt, machten sich immer mehr Wälderbauern auf die Wanderschaft in die weite Welt. Sie kamen nach Köln, Düsseldorf, Böhmen, Sachsen, Ungarn und Italien.

Je weiter aber der Weg die Uhrenträger führte, umso beschwerlicher war es, neue Waren zu beschaffen und zu den heimatlichen Bergen zurückzukehren. Deshalb richtete man daheim Stapelplätze für die angekauften Uhren ein. Dort wurden sie in Kisten verpackt und von einem Fuhrmann zum Standort des Händlers befördert. Es entwickelten sich Trägerkompanien, die für den Nachschub sorgten. Für den Verkauf selbst nahm man Uhrenknechte mit, die bei Wohlverhalten häufig als Händler in die Sozieté aufgenommen wurden.

Uhrenträger am Triberger Wasserfall in typischer Tracht mit seiner Krätze, an der die Uhren befestigt sind. Typisch auch der Regenschirm.

Nicht immer war es für die Wälderbauern leicht, ohne Geschäftskenntnisse die Bergheimat zu verlassen und draußen zum gewandten Handelsmann zu werden. Auch wenn sie etwa in London, Paris, St. Petersburg oder Moskau seßhaft wurden, trieb sie die Sehnsucht nach der Heimat und ihrem Waldfrieden im Alter meist wieder zurück.

Mathias Faller

Das Schicksal von Mathias Faller mag für einen erfolgreichen Uhrenträger beispielhaft sein. Durch ihn fanden die Schwarzwälder Uhren ihren Weg bis nach Asien. Er stammte vom Schafhof bei Friedenweiler, war wanderlustig und geschäftsgewandt. Gegen 1770 begründete er eine Uhrenträgerkompanie.

Mit einer Ladung zusammengekaufter Uhren wagte er sich 1779 zum ersten Mal nach Konstantinopel. Dort machte er dem Sultan Abdul Hamid I. eine Spieluhr zum Geschenk und erhielt zum Dank einen „Fährmann", was ihm für das ganze osmanische Reich den Uhrenhandel ohne jegliche Abgabe ermöglichte. Soweit des Sultans Macht in Asien und Europa reichte, konnte nun Faller mit seinen Schwarzwälder Waren Handel treiben. Natürlich mußten die Uhren dem türkischen Geschmack angepaßt werden. Die Schilder bekamen einen türkischen Zahlenring, wurden mit orientalischen Ornamenten bemalt, mit dem Halbmond, die Figuren trugen türkische Tracht. Die Spieluhren schließlich durften keine abendländischen Musikspiele ertönen lassen, sondern Weisen, wie sie den Ohren der Orientalen behagten.

In der Fremde

Johann Schwarzwälder und Johann Epting aus St. Georgen hingegen reisten 1756 nach Pennsylvanien. Dort hatten sie einen schwierigen Stand, wurde der Markt doch von den englischen und französischen Uhrmachern beherrscht. Aber schon damals hatten die Amerikaner Sinn für das Außergewöhnliche.

Einst kamen zwei Farmer, Vater und Sohn, in eine Schenke in der Nähe von Pittsburgh, in der eine Kuckucksuhr ausgestellt war. Eine solche Uhr hatten sie noch nie gesehen. Sie bestaunten die Uhr, erschraken aber heftig, als plötzlich das Türchen am Schild aufflog, der Kuckuck die Stunde ausrief und so rasch, wie er gekommen war, wieder verschwand. Das hielten die beiden Farmer für wahres Zauberwerk, bis ihnen der Schwarzwälder Uhrmacher zeigte, daß alles mit rechten Dingen zuging.

Nimmt man das Totenbuch der Pfarrei Urach zur Hand, kann man aus den Einträgen einiges über das Schicksal der Schwarzwälder Tüftler erfahren:

- Joseph Schwerer, 30 Jahre alt, in Portugal verstorben
- Joseph Ketterer, 45 Jahre alt, 1776 in London verstorben
- Martin Dotterer, 30 Jahre alt, 1791 in Bari verstorben
- Nikolaus Kleiser, 26 Jahre alt, 1799 in New Castle verstorben
- Martin Kleiser, 19 Jahre alt, 1803 in Valesoleti (Spanien) verstorben
- Joseph Pfaff, 33 Jahre alt, 1837 in Temeschwar in Ungarn verstorben

Noch heute aber gibt es im Ausland Spuren der Uhrenhändler aus dem Schwarzwald. Wer in Lunéville das Uhren- und Juweliergeschäft Jean Dorrer betritt, kauft beim Urenkel des Markus Dorer, des Uhrenhändlers aus Schönwald, ein.

Probleme des Uhrenhandels

Wie bei jeder wirtschaftlichen Entwicklung gab es auch im Uhrenhandel ein Auf und Ab. Man hatte immer wieder Schwierigkeiten, sich gegen Behinderungen durchzusetzen. In der Schweiz, in Frankreich und in England mußte 50% Zoll auf den Wert der Uhren bezahlt werden. Deshalb gaben die gewitzten Händler oft einen zu niedrigen Wert für ihre Waren an, was, wenn die Zollbeamten Verdacht schöpften, zur Folge hatte, daß sie die Uhren konfiszierten und öffentlich versteigerten. Sie erstatteten dem Händler den angegebenen Wert, bezahlten die Zollabgaben und steckten den Mehrerlös in die eigene Tasche.

Nicht immer allerdings ließen sich die Schwarzwälder auf diese Weise ausnehmen. Sie konnten den Spieß auch recht gut herumdrehen. Ein Uhrenhändler, der mit London Handel trieb, bewerkstelligte dies so:

In Neustadt ließ er aus den Uhren, bevor sie in große Kisten verpackt wurden, jeweils zwei wichtige Räder herausnehmen. Diese wurden gesondert verschickt. Beim Zoll gab er den Wert der großen Kiste anstatt mit 200 nur mit 100 Pfund an. Die Zöllner erachteten diesen Wert als zu gering, konfiszierten die Kiste und bezahlten dem Eigentümer den angegebenen Wert. Bei der Versteigerung fand sich nun aber zum großen Ärger der Zollbeamten bald heraus, daß die Uhren gänzlich unbrauchbar waren, und sie sahen sich genötigt, das Höchstgebot von 60 Pfund unter Verlust von 40 Pfund anzunehmen. Der Steigerer aber war niemand anderer als unser Schwarzwälder, welcher auf diese Art nicht nur 40 Pfund, sondern auch die Zollgebühren gewann und die Uhren ungestört verkaufen konnte.

Aber nicht nur ausländische Behörden, sondern auch Schwarzwälder selbst oder deren Nachkommen machten ihren Landsleuten das Leben schwer. So erreichten Schwarzwälder in Preußen durch Gerichturteile, daß hier kein freier Handel getrieben werden konnte. Ähnlich war es in Schweden, Rußland oder Frankreich. Immer wieder verfolgten und vertrieben Schwarzwälder die Konkurrenz aus der Heimat, setzten die Preise herunter, verleumdeten Anfänger und brachten sie um ihre Kreditwürdigkeit.

Der Niedergang der Uhrmacherei

Gegen Ende des 18. Jahrhunderts gingen jährlich etwa 110000 Uhren aus dem Schwarzwald in die weite Welt. Fast 10% der Bevölkerung war im Uhrengewerbe tätig. Viel Geld war auf den Schwarzwald gekommen. Was zunächst Ansporn zur fleißigen Arbeit war, verlockte bald auch zu sorglosem Wohlleben. Man dachte weder daran zu sparen, noch die Werkstatteinrichtungen zu verbessern, auch nicht daran, die Kinder besser auszubilden.

Man wollte das Geld genießen, gut leben und fröhlich sein. Und an Gelegenheiten fehlte es nicht. Wo Hochzeit gehalten wurde, fand sich die ganze Gemeinde ein, sie mußte den ganzen Tag über verköstigt werden. Wo getauft wurde, durfte man ebenfalls nicht fehlen, und nach Begräbnissen ging es auch hoch her.

An manch einem Tag in der Woche kam der Meister gar nicht in seine Werkstatt. Gesellen und Lehrlinge nutzten das natürlich aus, obwohl es ihnen wahrlich nicht schlecht ging. Es gab für sie nämlich auch die „Gammeltage“, an denen sie im Arbeitsraum des Meisters und mit seinen Werkzeugen für sich selbst und zum eigenen Vorteil arbeiten durften. Durch ihre schlechte

Arbeit kam viel minderwertige Ware in den Handel, was die Preise herabdrückte.

Noch größer riß bei Meistern selbst schlimme Unordnung ein. Ein Chronist erzählt:

Ich will nichts davon reden, daß derjenige, welcher für sich ein eigenes Geschäft als Meister begründen will, keine Prüfung zu bestehen, kein Meisterstück zu liefern hat und man daher seiner Befähigung nicht sicher ist. Aber offenbare Unordnung und Mißbräuche sind es dennoch, wenn Ausländer ohne diesseitiges Staats- und Ortsbürgerrecht Uhrmacherwerkstätten errichten und in denselben mit Gesellen und Lehrjungen arbeiten – wenn ein Hofgutbesitzer, welcher die Uhrmacherei nicht erlernte und von derselben nichts versteht, nun auf einmal Gesellen und Lehrlinge einstellt und auf seine Rechnung das Uhrmachergewerbe treiben läßt – wenn sogar ledige Mädchen Uhrmachereiwerkstätten errichten und als Meisterin mit Gesellen und Lehrjungen arbeiten.

Dazu kam noch das „Packerunwesen". Auch die Spediteure – die Packer, wie man sie nannte – hatten sich allmählich als Vermittler zwischen Uhrmacher und Händler gedrängt. In der Regel betrieben sie eine Wirtschaft oder einen Kramhandel, meist beides gleichzeitig. Von wenigen, recht wenigen Ausnahmen abgesehen, waren die Packer dunkle Ehrenmänner, hängenswerte Blutsauger und Halsabschneider.

Ihre Aufgabe bestand darin, den in geschäftlichen Dingen leider gänzlich unbewanderten Uhrmachern Verpackung und Versand der Waren zu besorgen. Rücksichtslos nutzten sie ihre Überlegenheit zum eigenen Vorteil aus. Sie drängten sich aber auch zwischen die Zulieferindustrie und die Uhrmacher.

Die Uhrmacherschülerin Margaretha Dufner erzählt

Einmal liefert der Spediteur an die Uhrmacher, welche ihm gewöhnlich ihre Fabrikate zur Spedition abgeben, alle von ihnen benötigten Materialien an Eisen, Zink, Kupfer, Draht, Instrumenten, Farben, Holzstämmen etc., und der Uhrmacher muß sich dieses auch bei Aufrechnung noch so übertriebener Preise gefallen lassen, weil ihm sonst, wenn er seine Materialien auf anderen Wegen zu wohlfeileren Preisen und unmittelbar selbst beziehen will, seine Fabrikate vom Spediteur nicht mehr zur Versendung übernommen werden. Die Abrechnung erfolgt erst dann, wenn die Erlöse aus den ins Ausland versendeten Uhren an den Spediteur eingekommen sind, welcher diese Gelder willkürlich unter die Uhrmacher verteilt und hierbei vorzugsweise diejenigen bedenkt, welche während des Jahres am meisten bei ihm in der Wirtschaft zugesprochen haben. Bei dieser Geldverteilung werden dann die Aufschreibbüchlein hervorgeholt und den Uhrmachern an ihren Guthaben vor allem abgezogen, was sie an den Spediteur außer den gewöhnlichen Spesen noch für gelieferte Gewerbsmaterialien, für Zechen und für abgegebene Viktualien schuldig geworden sind, und nur der gewöhnlich sehr kleine Rest wird ihm in die Hand bezahlt. Diejenigen Uhrmacher, welche aber während des Jahres für den Kaufladen oder die Wirtsstube des Spediteurs nur schlechte Kunden waren, können – auch wenn ihre abgegebenen Fabrikate schon längst verkauft sind – noch lange warten, bis ihnen endlich nach und nach kleine Abschlagszahlen als angebliche Vorschüsse hingeworfen werden. So sind die Uhrmacher ganz in den Händen des Spediteurs und eigentlich bloße Handlanger desselben und aller Gewinn fällt in den Sack des Spediteurs.

Alle diese Mißstände veranlaßten 1814 den Obervogt Huber von Triberg, zusammen mit dem Pfarrer Johann Baptist Diebold aus Neustadt das Uhrengewerbe zunftmäßig zu ordnen. Um dem Untergang der Uhrmacherei entgegenzusteuern und sie zu fördern, engangierte er sich selbst. Alle zwei Jahre sollte ein Kommerztag stattfinden, der die Aufgabe hatte, die Preise festzusetzen. Ein bestellter Schätzmeister sollte allwöchentlich die zum Zunftmeister gebrachte Ware daraufhin überprüfen, ob sie meistermäßig oder pfuschmäßig angefertigt sei. Inhalte und Dauer der Lehrlingsausbildung sollten festgelegt werden.

Aber die Zunftordnung kam nicht zustande. Die Schwarzwälder selbst wehrten sich gegen zu straffe Auflagen, und die Packer sahen ihre Felle davonschwimmen. Ein konjunktureller Aufschwung im Auslandsgeschäft überdeckte zudem für kurze Zeit die Mißstände.

Das Packerunwesen trieb bald einem traurigen Höhepunkt entgegen. Die Uhrmacher wurden ihre Ware zu einem Hungerlohn los. Man drängte ihnen für ihre Ware Stoffe und Lebensmittel auf. Bei den Verhandlungen in den Wirtsstuben galt es, den Packer durch eine möglichst große Zeche gnädig zu stimmen. Lag endlich Geld auf der Tischplatte, mußte er dem Packer, ohne ein Wort dabei zu verlieren, ein Rückgeld von 3 bis 4 Gulden als Honorierung der geleisteten Zahlungen zurückschieben. So wollte es der Brauch.

Immer noch wurden die Uhren nach den alten Vorbildern in möglichst großer Stückzahl hergestellt. Verbesserungen, wie sie die ausländische Konkurrenz schon kannte, blieben aus. So etwas wie Arbeitsteilung kannte man kaum. Während in Genf und Neuenburg mit jedem Jahr immer elegantere Uhren hergestellt wurden, blieb der Schwarzwälder auf der einmal erreichten Stufe seiner Kunst stehen.

In dieser an sich schon schwierigen Situation traf ihn die Agrarkrise 1846 besonders hart. Eine allgemeine Teuerung und Mißernten bei den von einer Krankheit befallenen Kartoffeln gefährdeten den Lebensunterhalt. Die Uhrmacherei lag fast völlig darnieder. Die französischen Konkurrenten erhielten die attraktiven Aufträge der badischen Oberdirektionen des Wasser- und Straßenbauamts. Die Bahnhofsuhren von Heidelberg, Karlsruhe, Ettlingen, Rastatt, Oos, Bühl, Achern, Appenweier und Offenburg kamen nicht aus derm Schwarzwald sondern aus Frankreich.

Eine gewaltige Auswandererwelle erfaßte nun den Schwarzwald. Kaum konnten die Schiffe in den Häfen diejenigen aufnehmen, die ihre einzige Rettung in den Vereinigten Staaten sahen.

Rettungsversuche

In der größten Not ergriff der praktische Arzt Dr. Dufner aus Furtwangen die Initiative zur Rettung und gründete einen Gewerbeverein für den uhrmachenden Schwarzwald. Er forderte größere Arbeitsteilung, eine Zergliederung der Uhrenfabrikation, die Aufnahme von Stock- und Taschenuhren in die einheimische Produktion sowie Rohuhrwerkfabriken, die die Uhreneinzelteile maschinell herstellen sollten. Man wollte Musterwerkstätten errichten und schrieb Wettbewerbe für Musteruhren für eine rationelle Massenproduktion aus. Doch die Appelle halfen wenig. Zu groß war die Skepsis der Wäldler, zu groß auch die Angst vor der Fabrik, zu wenig überzeugend, zu vage, ja zu naiv oft die Argumentation des Gewerbevereines.

Die politischen Unruhen von 1848/49 machten jedoch alle Hoffnungen auf einen Aufschwung wieder zunichte. Die Revolutionskämpfe, die Unruhen im südwestlichen Baden bei Kandern, Freiburg und Staufen und die Heckeraufstände bewirkten, daß der Gewerbeverein verboten wurde. Die Pläne für eine Uhrmacherschule in Furtwangen kamen ins Stocken.

Aber 1850 wurde eine Uhrmacherschule in Furtwangen ins Leben gerufen. Die Leitung übernahm der Ingenieur Robert Gerwig, der spätere Erbauer der Schwarzwaldbahn. Hier erstrebte man auch die Pflege und Förderung der Uhrenschildmalerei, der Holzschnitzerei, der Strohflechterei und Strohhutnäherei, der Bürstenmacherei und der Herstellung von Holzwaren.

Gerwig erkannte sehr schnell, daß die Qualität der Produkte gehoben werden mußte und daß eine arbeitsteilige Produktion lebensnotwendig war. Die individualisierte Produktion stand einer rationellen Fertigung entgegen. Trotz großer Anstrengungen gelang es aber auch jetzt nicht, Musteruhren zu schaffen.

Sehr bald aber zeigte es sich, daß nur Bemühungen nach einer gesteigerten Produktion erfolgreich sein konnten. Der Preisverfall der Schwarzwälder Uhren war nicht aufzuhalten. Nur in einer möglichst aufgegliederten Arbeitsteilung und in der Einführung von Maschinen erblickten die Männer um Gerwig überhaupt noch eine Zukunft für die Schwarzwälder Uhr.

Genau damit trafen sie aber auf den Widerstand der meisten Wäldler. Sie hatten kein Kapital für solche Umstellungen. Auf Kapital aber war man in der nun einsetzenden Phase der Industrialisierung angewiesen. Als dann noch persönliche Eitelkeiten und gegenseitige Eifersüchteleien hinzukamen, wurde am 1. Juni 1864 die Uhrmacherschule wieder geschlossen.

Als ein Kind der Industrialisierung wurde die Uhrmacherschule 1877 mit Elektrotechnik und Feinmechanik im Lehrprogramm wieder eröffnet. Sie besteht heute noch.

So ganz ohne praktische Folgen war die Arbeit der Uhrmacherschule jedoch nicht geblieben. 1851 wurde endlich die erste auf dem Schwarzwald hergestellte Taschenuhr gebaut, wie sie schon seit 150 Jahren in der französischen Schweiz in Fabriken hergestellt wurden. Aus Amerika kamen schon lange Taschenuhren, die auf Automaten hergestellt waren.

Mit dem Beginn der Großfabrikation solcher Amerikaner-Uhren im württembergischen Schwarzwald war 1865 der Grundstein für eine Entwicklung gelegt, die die Wälder-Uhrenproduktion endgültig beendete. Der Badener Erhard Junghans hatte angefangen, nach amerikanischem Vorbild arbeitsteilig Taschenuhren zu produzieren.

Kehren wir noch einmal zurück zu den Einflüssen der Furtwanger Schule. Ihr Verdienst war es, versucht zu haben, die Taschenuhr auf dem Schwarzwald einzuführen, die Qualität der Schnitzerei und der Uhrenschildermalerei anzuheben. Die Uhr sollte ein Schmuckstück in der Wohnstube des Bürgertums werden. In dieser Zeit entstanden die Rahmenuhren mit ihren gemalten Bildern, die Bahnhäusle-Uhren, die man im Zusammenhang mit dem Bau der Schwarzwaldbahn zu sehen hat. Noch 1873 hatte man auf der Weltausstellung in Wien sehen können, wie sehr die Schwarzwälder Uhr vor allem in der Formgebung herabgesunken war. Ein roher Naturstil trieb seltsame Blüten. Kunst und Handwerk wirkten nicht mehr zusammen. Um dem entgegenzuwirken, versah man nun die Bahnhäusle-Uhr mit dekorativem Schnitzwerk. Eisenlohr schuf die heute noch bekannte und beliebte Schwarzwälder Kuckucksuhr.

Unter dem Druck der amerikanischen Produktionsmethoden ging man nun auch hier zur Arbeitsteilung über. Noch einmal versuchte die Badische Regierung einen genossenschaftlichen Zusammenschluß, um die Hausindustrie im Schwarzwald zu fördern. Die Industrialisierung war aber so weit vorangeschritten, daß die Kleinbetriebe nicht mehr zu retten waren.

Ab 1871 entstanden zahlreiche neue Uhrenfabriken, so unter anderen:

- die Badische Uhrenfabrik AG Lorenz Furtwängler Söhne in Furtwangen
- August Schatz & Söhne in Triberg
- die Wehrle-Uhrenfabrik GmbH in Schönwald
- die Uhrenfabrik in Neustadt
- die Aktiengesellschaft für Uhrenfabrikation in Lenzkirch
- die Kaiser-Uhren in Villingen

Gleichzeitig entstanden im Württembergischen Schwarzwald die Uhrenfabriken der Familiendynastien Junghans, Mauthe, Bürk und Kienzle.

Bei Ausbruch des 1. Weltkrieges beschäftigten diejenigen Schwarzwälder Fabriken, die Amerikaner-Uhren herstellten, rund 10600 Arbeiter und erzeugten im Jahr 10,5 Millionen Uhren, was einer Tagesdurchschnittsproduktion von 35000 Stück entsprach.

Was ist nur knapp 100 Jahre später aus diesen Uhrendynastien geworden? Neue und wiederum klangvolle Namen, veränderte Produktionen, die neuentwickelten Quarzuhren und schließlich die elektronischen Uhren haben in kürzester Zeit den Untergang des traditionellen Gewerbes hervorgerufen.

Wie einst die tüftelnden und kunstfertigen Uhrmacher aus den Wäldern des Schwarzwaldes durch die Pioniere der arbeitsteiligen Uhrmacherfertigung verdrängt wurden, hat nun die moderne Technik auch diese verschwinden lassen.

Der Bergbau im Schwarzwald

Und's Bergwerch soll im Sege stoh!
s'het menge Burger 's Brod dervo.

Aus: Johann Peter Hebel
Der Schmelz-Ofen

Geschichtliches

Archäologische Funde haben ergeben, daß der Bergbau in unserem Gebiet bis in die keltische und römische Zeit zurückreicht. Hinweise auf römischen Eisenerzbergbau fand man bei Ausgrabungen um Pforzheim, im Glottertal und in Sulzburg.

Ein systematischer Bergbau im Schwarzwald begann mit der Besiedelung des Gebietes um das Jahr 1000. Obwohl bäuerliche Strukturen vorherrschten, gewann nun der Bergbau an Bedeutung. Er wurde sowohl von den Klöstern St. Blasien, St. Trudpert im Münstertal, Ettenheimmünster, Gengenbach, Allerheiligen betrieben als auch von den großen Herrengeschlechtern, wie den Zähringern, den Hohengeroldseckern, Ebersteinern, Windeckern oder den Herren von Sulz. Auch die Kirchen, die Bischöfe von Konstanz, Basel oder Straßburg trieben zielstrebig den Bergbau voran.

Vor allem das Silber war begehrt. Der erste urkundliche Nachweis einer Silbermine stammt von 1028 und findet sich in einem Lehensbrief von Konrad II. an den Bischof von Basel. Die Städte Sulzburg, Münster, Todtnau, Bleibach entstanden so, und auch in den Gebieten um St. Blasien, dem Schauinsland, Badenweiler, Suggental, Freiamt wurde intensiv gegraben.

Im nördlichen Schwarzwald ließen die Erzvorkommen im 13. Jahrhundert die Städte Prinzbach, Haslach, Gengenbach, Hauserbach, Wittichen aufblühen. Erzhaltiges Gestein fand sich auch in den Gebieten bei Schapbach, Haigerach, Christoph- und Friedrichstal, Königswarth, um nur einige zu nennen. Für Freudenstadt datiert die erste Nachricht über ein Erzvorkommen aus dem Jahre 1267. Bei der Trennung der Kapelle des Kniebis-Klosters und der Mutterkirche in Dornstetten wurde der Zehnte aus dem Bergbau urkundlich aufgeteilt.

Im Kinzigtal wurde nahezu in jedem Seitental und in jedem Zinken nach Erz gegraben. Viele Namen zeugen noch davon: Erzwäsche, Erzgrube, Erzenbach, Barbaras, Wildschapbach, Kupferberg, auf dem Schlegel.

Abgebaut wurden hauptsächlich silberhaltige Bleierze, deren Silbergehalt allerdings nur zwischen 0,1 und 1% lag. Vor allem die Bedeutung, die das Silber als Münzmetall hatte, war die Triebfeder fast aller bergbaulichen Aktivitäten. Weder Aufwand noch Mühen wurden gescheut, um das Erz aus den Tiefen der Berge zu gewinnen.

Als zwischen 1300 und 1400 immer häufiger Schießpulver eingesetzt wurde und der Bedarf an Kanonenkugeln deshalb gestiegen war, gewannen neben dem Silbererz auch die bleihaltigen Erze an Bedeutung. Man brauchte sie nun für die Herstellung der Kanonenkugeln.

Lange Zeit bediente sich der Bergbau der primitivsten Mittel. Man grub Löcher, erhitzte das Felsgestein mit Holzfeuer, schreckte mit Wasser ab und

Die Fahrung (Begehung) einer Grube. Bergmann (A) steigt auf der Leiter in den Schacht; ein anderer (B) sitzt auf einem Knebel, ein dritter (C) fährt auf dem Leder ein. Andere sitzen auf Stufen im Gestein (D). Abb. um 1556.

Dieser alte Holzschnitt zeigt die harte Arbeit in einer Erzschmelzhütte.

machte so den Fels porös. Man erhielt so eine Angriffsfläche, um die Felswände zu behauen.

Die Arbeit im Berg war qualvoll. Der Bergmann konnte sich nur kriechend fortbewegen und mußte das Gestein mit primitivsten Mitteln abräumen. Er war einer ständigen Rauchentwicklung und dem Bergwasser ausgesetzt.

Ein eindrucksvolles Beispiel für die mühsame und anstrengende Arbeit, die auch bei der Erzgewinnung in den Eisenwerken geleistet werden mußte, ist der „Urgraben", der sich vom Kandel bis Suggental auf einer Länge von ca. 12 km erstreckt. In ihm wurde das Wasser in das wasserarme Suggental gebracht. Von den Eisenwerken zeugen im Hotzenwald heute noch künstliche Wasserläufe, die Wuhren. Im Mittelalter wurde hier über größere Entfernungen Wasser zu den Eisenwerken geleitet. Manchmal wurde das Wasser sogar über natürliche Wasserscheiden geleitet.

Die Blütezeit der Bergwerke im 14. Jahrhundert, in der z. B. Prinzbach eine mit Stadtmauern befestigte Bergwerkstadt war, ging im 15. Jahrhundert zu Ende. Viele kleinere Gruben waren bereits erschöpft, technische Probleme wurden zu groß, und mit der Entdeckung Amerikas kam billiges Raubedelmetall nach Europa. Man suchte in den waldreichen Gebieten nach anderen möglichen Einnahmequellen. Es entstanden Glashütten und Köhlereien.

Die Silbergruben

Die Silbergruben des Schwarzwalds waren selbst in den besten Zeiten wenig ertragreich gewesen.

Im Einflußbereich der Abtei St. Blasien lag der jährliche Silberertrag im 13. Jahrhundert bei 1.000,– Mark Silber (1.– Mark Silber = 234 Gramm). Bei einem angenommenen Silbergehalt von 500 g je Tonne Erz mußten demnach 468 Tonnen handgeschiedenes Erz gefördert werden.

Die Stadt Freiburg konnte etwa um 1550 aus ihren Silberbergwerken im Gebiet von Schauinsland und Suggental lediglich 1.200,– Mark an Silber vermünzen. Auch hier betrug die jährliche Ausbeute nicht mehr als 280 kg Silber.

Was der Bergbau nicht erbrachte, mußte auf dem Wege einer fiskalischen Maßnahme, der Münzerneuerung, gewonnen werden. Ursprünglich prägte man aus einer feinen Mark Silber 240 Pfennige, 1270 wurden 360, 1305 480 Stück und im 14. Jahrhundert bis zu 800 Pfennig aus der gleichen Menge geprägt. Der wechselnde Silbergehalt in den Münzen führte dazu, daß die mittelalterlichen Geldwechsler wegen ihres unterschiedlichen Silbergehaltes ihre Münzen auf ihren Wechselbänken auslegen mußten. Das Wort Bankier hat hier seinen Ursprung.

Im Oberrheingebiet wurde mit der mittelalterlichen Münzvereinigung, dem Rappenmünzbund, eine regionale Vereinheitlichung des Münzwesens erreicht. Sie hatte eine große und auch langanhaltende Bedeutung. Durch harte Strafen konnte sie sich Geltung verschaffen. So stand z. B. auf Falschmünzerei die Hinrichtung mit siedendem Wasser. Das Wappenbild war ein Rabenkopf, mit dem die Freiburger Münze prägte. Bis heute lebt die Erinnerung an den mittelalterlichen Rabenpfennig in der schweizerischen Münze, dem Rappen, oder in der Redewendung „etwas berappen" fort.

Die Ausbeute der Kinzigtäler Bergwerke war so gering, daß die badische

Regierung den Kinzigtäler Bergwerksverein 1857 zur Auflösung zwang. Immerhin waren in jener Zeit im Südschwarzwald noch 40 Gruben in Betrieb. Mit 200 Arbeitern erbrachten sie aber nicht mehr als 125 Zentner.

Die Bruderlade

Die Lohnordnung von Wittichen aus dem Jahre 1721 gibt einen Einblick in die damaligen Lohnverhältnisse. In der Woche erhielt ein Farbmeister 6–7 Gulden, der Schichtmeister 5 Gulden, der Hüttenschreiber 3 Gulden, der Hauer 2 Gulden. Was das bedeutete, kann man an den Preisen ablesen: eine Kuh kostete 18 Gulden, 1 Kilo Roggenbrot 5 Kreuzer.

Nach dem Vorbild der Bruderlade in Sachsen, einer Art Selbsthilfe bei Krankheit und Invalidität der Bergleute, wurde im 18. Jahrhundert auch im Kinzigtal eine solche Lade eingeführt. Jeder Bergmann hatte am Danielstag (10. April) nach Wolfach, dem Sitz der Bruderlade zu kommen. Nach einem Gebet in der Kirche wurde von einem Schichtmeister die Ladeordnung verlesen. Jeder Bergmann mußte wöchentlich einen Kreuzer in die Kasse der Bruderlade zahlen. Trunkenheit, Fluchen und Beschimpfung wurden mit Geldstrafen für die Bruderlade belegt.

Um auch kranken Bergleuten helfen zu können, wurde neben der Bruderlade 1752 zusätzlich eine Knappschaftskrankenlade eingerichtet. Bis zu 4 Wochen wurde einem Bergmann, der in Gewerkschaftsdiensten erkrankt oder verunglückt war, der Lohn fortbezahlt, in besonders harten Fällen auch noch 8 bis 14 Tage länger. Dann aber hörten die Zahlungen auf.

Vitriol

Drei Mineralien hatten im 19. Jahrhundert eine große Bedeutung. Eisenvitriol brauchte man zur Unkrautvernichtung oder zur Desinfektion, Kupfervitriol als Desinfektionsmittel bei Pilzkrankheiten oder als Beizmittel und Alaun als Desinfektionsmittel für Häute und als Beizmittel beim Färben von Stoffen, Wolle und Leder.

Alle drei Mineralien wurden von 1800 an in Todtmoos gewonnen. Die Verarbeitung des erzhaltigen Gesteins war aber so aufwendig, daß trotz großer Geldmittel, die aus Basel flossen, der Besitzer Paul sein Werk schon 1830 wegen völliger Unrentabilität aufgeben mußte.

Für die Gewinnung des Vitriols mußte das Gestein grob zerkleinert und voneinander geschieden werden. Dann wurde das brauchbare Material auf eine Laugenbühne geworfen, auf der die sulfidischen Erze an der Luft zum Sulfat wurden. Um diesen Vorgang zu beschleunigen, wurde es immer wieder mit Wasser übergossen. Die mineralischen Stoffe lösten sich auf und sickerten in Auffangbehälter, an deren Boden sich ein trüber Gesteinsschlamm absetzte. Dann wurde die vitriol- oder alaunhaltige Flüssigkeit im Sudhaus in bleiernen Pfannen erhitzt, bis eine dünne Haut von Kristallen an der Oberfläche erschien. Diese wurden in Tannenholzkästen langsam abgekühlt. An Stäbchen oder Fäden setzten sich hier die Kristalle fest.

Steinkohle

Was man meistens nicht weiß, ist die Tatsache, daß es in Baden auch Steinkohlevorkommen gab. In der Gegend von Baden-Baden, bei Neuweier und Steinbach betrieb man im 18. und 19. Jahrhundert vereinzelt Steinkohleabbau. Im südlichen Schwarzwald, im Klettgau, waren die Vorkommen nicht abbauwürdig. Von wirtschaftlicher Bedeutung jedoch waren die Vorkommen am westlichen Schwarzwaldrand, bei Diersburg und Zunsweier, Hangenbach und Berghaupten. Die Steinkohle trat aber nicht in regelmäßig anhaltenden Flözen, sondern nur in Nestern auf, was den Abbau sehr erschwerte.

Die Grubengesellschaften konnten etwa von 1850 bis 1880 durchschnittlich 10000 Tonnen pro Jahr fördern. Da die Saarkohle noch zu teuer und der Transport der Ruhrkohle in den Schwarzwald wegen der Transportkosten unrentabel war, konnten sich die Gesellschaften immerhin einige Jahre halten. Es war aber nur eine Frage der Zeit, bis der Transport über den Rhein aus dem Ruhrgebiet billiger war.

Mühlensteine

Daß man Mühlensteine im Berg abbaute, ist ebenfalls wenig bekannt. Zunächst wurden sie im Tageabbau, später dann aber auch unter Tage gewonnen. Im Schmitzinger Tal bei Waldshut gab es eine Gesteinsformation, die sich zum Mühlstein-Bergbau eignete: ein ausgebleichter, stark verkieselter Sandstein, mit hartem Korn und weichem Bindemittel.

Ein bescheidener Mühlsteinbergbau wurde auch im Murgtal bei Steinbach betrieben. Er hatte vor dem 30jährigen Krieg seine Blütezeit.

Absatz fanden die Mühlsteine in den Mahlmühlen für Korn, Gips, Zement, Farben und sogar in den Edelsteinschleifereien. Über nahezu 400 Jahre hat sich dieser Zweig des Bergbaus erhalten können.

Für den Absatz wirkte sich der Bau der Eisenbahnstrecke von Basel nach Waldshut zunächst günstig aus. Aber auch die Steine aus Konkurrenzgebieten waren leichter zu transportieren und brachen in die Märkte ein. Vor allem die Champagnersteine verdrängten ab 1870 die Steine aus dem Schwarzwald. Diese Steine aus der Champagne hatten ein Herzstück aus Sandstein, die Mahlflächen waren aber aus Platten mit porösem Süßwasserquarz zementiert. Sie waren zusätzlich mit einem Eisenring versehen. Mit diesen Mühlsteinen konnte man im Mahlstuhl das Korn schälen und mahlen, ohne daß die Mahlbahnen glatt wurden. Durch das widerstandsfähige und porige Material blieben sie lange rauh und mußten nicht so oft geschärft werden.

Auch der Champagnerstein konnte sich nur noch 30 Jahre halten. Er wurde ab 1900 durch Porzellanwalzen verdrängt.

Buntsandstein und Granit

Noch heute wird gelegentlich im nördlichen Schwarzwald Buntsandstein abgebaut. Vom Dobel, aus Neuenbürg, Calw und dem Bühler Tal kam aus teilweise bis zu 200 m mächtigen Flözen wertvolles Baumaterial für Brücken, Tunnelportale, Klöster, Schlösser, Kirchen.

Nach dem Brand von 1727 in der Residenz Rastatt wurde eine Markgräfliche Feuerverordnung erlassen, die steinerne Fundamente, Brandmauern und bessere Kamine aus Stein vorschrieb. Begünstigt wurde der Steinbau auch durch die Feuersozietäten, die in

Baden und Württemberg Anfang des 18. Jahrhunderts gegründet wurden.

Um 1840 wurden für den Ausbau der Festung Rastatt Buntsandsteinbrüche in einer Ausdehnung von insgesamt 20 Morgen angelegt.

Auch im Hotzenwald gab es bei Alpfen seit dem Mittelalter mächtige Sandsteinbrüche. 1393 erhielt Klaus von Banholz als jährliche Pacht für seine Brüche ein Fastnachtshuhn.

Im 19. Jahrhundert begann man im Murg- und Bühler Tal Granit abzubauen. Die Erfindung des Dynamits begünstigte den Abbau, der vor allem für den Bau der Eisenbahntraßen und -brücken bedeutsam wurde. Die Granitsteinbrüche lieferten das Material für Talsperren und Pflastersteine für den Straßenbau.

Schwer- und Flußspat

Als Zeugen des einst weltberühmten Erzbergbaues gibt es heute nur noch eine Flußspatgrube bei Pforzheim, die Gruben Kupfersteige und Gottesehre bei Urberg, die noch heute betrieben werden. Erst seit 1850 wird im Rankach in der Grube Clara in Oberwolfach am Schwarzenbruch Schwerspat und heute auch Flußspat geschürft.

Schwerspat findet in der Papier-, der Keramik- und vor allem in der Erdölindustrie Verwendung. Flußspat wird als wichtiger Zuschlag in der chemischen Industrie, z. B. für Teflon gebraucht.

Die Grube Clara, die von der Sachtleben AG und deren Muttergesellschaft, der Metallgesellschaft Frankfurt, betrieben wird, arbeitet heute nach modernsten Abbauverfahren. Dazu gehört eine nach dem Rollöchersystem

Bergleute am Eingang der Grube Klara um 1900.

angelegte Bevorratung. 70000 t Schwerspaterz und etwa 140000 t Flußspaterz werden hier jährlich geschürft. Das bedeutet, daß auf dem perfekt ausgebauten Straßensystem täglich 30 schwere Sattelschlepper je 35 t Material transportieren, und das an 200 Tagen im Jahr!

Uran

Mit dem Uranbergbau ist dem Bergbau erst in jüngster Zeit ein neuer Zweig hinzugewachsen. Die Hauptvorkommen im Schwarzwald liegen bei Menzenschwand, bei Müllenbach im Kreis Baden-Baden und Wittichen. Abgebaut wurde in der Grube Brunhilde im Krunkelbachtal bei Menzenschwand. Dort durfte seit 1973 uranhaltiges Gestein in einer monatlichen Menge von 500 t abgebaut werden. Es handelt sich hier um die größte westdeutsche Uranlagerstätte, die 2 bis 10000 t U308 (Verrechnungseinheit für Uran in Erzen) enthält. Bei einer Ergiebigkeit von 2 % wurden pro Jahr 120 t U308 allerdings nicht hier sondern in der deutschen Uranerzaufbereitungsanlage Ellweiler an der Nahe produziert.

Seit Jahren allerdings wird vor den Gerichten heftig um die Frage gestritten, ob Menzenschwand zum Radonheilbad ausgebaut werden soll, ob also die Grube zugunsten von 2000 Kurbetten stillgelegt werden soll, oder ob verstärkt Uran abgebaut werden kann, was zu einem jährlichen Abtransport von 1 Million t Erzgestein führen würde.

Sowohl die Absage an einen erweiterten Kurbetrieb in Menzenschwand aus wirtschaftlichen Gründen als auch die Entdeckung grober Unzulänglichkeiten in der Uranerz-Aufbereitungsanlage in Ellweiler, die zur Stillegung der Erzgrube führte, verhinderten einen weiteren Raubbau in diesem Teil des Schwarzwalds.

Allerdings ist noch nicht geklärt, wie verhindert werden kann, daß das Wasser, das die Uranerze im Gestein auflöste, in das Grundwasser einsickert.

Weißerde

Am Westrand des nördlichen Schwarzwaldes liegen bei Balg zwischen Malsch und Bühlertal jungtertiäre Schichten. Sie enthalten Weißerde, wertvolle helle Quarzsande. Sie wurde im 18. und 19. Jahrhundert für die Herstellung von Fayencen verwendet, ein durch Zinnglasur dem Porzellan ähnliches Geschirr. Fayencen – der Name kommt von einer Stadt bei Ravenna – oder Majolika – abgeleitet von dem alten Namen für die Insel Mallorca – wurden in hoher künstlerischer Qualität in verschiedenen Fayencenfabriken in Durlach, Baden-Baden und in Karlsruhe hergestellt. Der Rohstoff wurde teilweise auch zur Steingut- und Porzellanfabrik nach Zell a. H. geliefert.

Ton

Noch heute werden die tertiären Tone in der Umgebung von Rastatt und Baden-Baden im Tagebau abgebaut. Dieser Ton wird vor allen Dingen von Ofensetzern bevorzugt.

Marmor

Nur kurze Zeit fanden in der Nähe von Gaggenau Versuche statt, Marmor zu gewinnen. Der Abbau mußte sehr bald wieder eingestellt werden, da der Marmor aus den paläozoischen Schiefern zu porös war, um aus ihm größere Werkstücke herzustellen, wie sie für den Ausbau von Schlössern, Staats- und Kirchenbauten benötigt wurden.

Muschelkalk und Gips

Bei Ebersteinburg wurden seit dem 18. Jahrhundert Muschelkalkschollen abgebaut und zu Brennkalk verarbeitet. Noch bis 1906 ließ das Großherzogliche Forstamt Baden bei Kuppenheim Zement brennen.

Im Abfall des Hotzenwaldes, oberhalb von Wehr und Waldshut, gab es im mittleren Muschelkalk Gips, das bis zur Erfindung des Kunstdüngers in Gipsgruben abgebaut wurde. Gips war in der heimischen Landwirtschaft ein wichtiges Düngemittel und daher auch von Anfang an vom üblichen Bergzehnt befreit.

Hansjakobs Benedikt Lehmann, der Benedikt auf dem Bühl. Mit 14 Jahren arbeitete er unter Tage. Er pachtete später die Grube „Herrensegen", die ihm nicht viel einbrachte. Er starb 1907.

Der Niedergang der Gruben

Von 100 badischen Gruben waren vielleicht 9 rentabel. 1826 war der Kinzigtäler Bergwerksverein gegründet, zu dem auch die Gruben des Münstertales gehörten. 1834 kamen die Gruben von St. Blasien hinzu. So entstand mit einem Aktienkapital von 5 Millionen Gulden der badische Bergwerksverein. 1852 mußte 70% des Kapitals abgeschrieben werden, und 1861 wurden die Gruben stillgelegt, 1865 die Gesellschaft liquidiert.

1847 gründete man erneut einen Kinzigtäler Bergwerksverein, der aber schon nach 10 Jahren 1 Million Schilling verloren hatte. Nur zwei Metallerzgruben schafften den Sprung ins 20. Jahrhundet: die Grube Schauinsland, die 1954 geschlossen wurde, und die Grube Friedrich Christian in Schapbach, die 1955 geschlossen wurde.

Hauptgrund für den Niedergang der Gruben war die geringe Ergiebigkeit. Aber auch die konjunkturelle Lage und Veränderungen in den Wirtschaftsstrukturen und der Technik trugen das ihrige bei.

Wasserkraft war über viele Jahrhunderte hindurch die einzige Energieform, die zum Betreiben von Schöpfrädern, Schachthaspeln und Pochwerken zur Verfügung stand. Deshalb wurde die Verhüttung meistens am Talende vorgenommen. Als Rohstoff bot sich allein das Holz an, denn die bescheidenen badischen Kohlevorkommen waren noch nicht bekannt. Aber die Verhüttungsbetriebe mußten sich mit den Glashütten einen erbitterten Kampf um die Holzvorräte der Wälder liefern, und auch die Flößer hatten ihre Interessen.

Weil Holz zur Mangelware wurde, mußten viele Betriebe schließen oder sich anderen Industriezweigen zuwenden. Der Hochofen in Bühl vergrößerte sein Einzugsgebiet bis nach Durbach und konnte deshalb noch bis 1900 arbeiten, bevor er als Hammerwerk eine andere Funktion erhielt.

Aus den Eisenhütten im unteren Murggebiet gingen später andere Industriebetriebe hervor, so die Eisenwerke Rotenfels, Gaggenau, Bühlertal (die heutige Ofenfabrik Progreß hat ihren Ursprung in einer solchen Hammerschmiede), Pforzheim, (als Firma Pitzmann + Pfeifer in Neuenbürg existiert es heute noch), Bulach und Freudenstadt. Auch im südlichen Schwarzwald entstanden aus den zusammengelegten Hüttenwerke meistens Nagelschmieden, die ihrerseits durch die Drahtstiftmaschinen verdrängt wurden. Im Triberger Raum wurden aus den Nagelschmieden, Löffelschmieden und metallverarbeitende Betriebe und schließlich Drehteilfirmen (Grieshaber in Schiltach). Auch in Wehr, Albbruck, Tiefenstein, Gutenberg (das heute bekannte Unternehmen Guttex) entstanden Eisenwerke.

Manche Hüttenwerke sind ganz verschwunden und leben nur noch in Orts- und Gewannamen weiter: Hammereisenbach, in Wolfach der Schmelzengrün, wo die Erze aus dem Langenbach und dem Ippichen oder die Schmelzensäge, das heutige Sägewerk Gebr. Heinzelmann, wo die Erze des Hohberges verhüttet wurden.

Wenn Gruben erschöpft waren, vor allen Dingen die des Silberbergbaues, wurde der Nachlesebergbau betrieben, der sich für andere abbauwürdige Vorkommen interessierte oder die Halden noch einmal auf verwertbare Materialien überprüfte.

Auf diese Weise wurden im Witticher Revier nach 1700 zahlreiche Vorkommen von Kobalt entdeckt, der, wie um 1540 ein böhmischer Glasmacher entdeckt hatte, für die Blaufärbung der Glasschmelze verwendet werden konnte. Eine kurz zuvor für 600 Gulden erbaute Farbmühle war nun obsolet geworden. Daraufhin schickten die Schwarzwälder einen Glasmacher-Sohn nach Sachsen, damit dieser die Bauart der Öfen und die Blaufarbenfabrikation erkunde. Von erfolgreicher Industriespionage zurückgekehrt, wurde nun das Witticher Farbwerk gebaut, und man begann mit der Herstellung von Blaufarben (Smalte). Mit den Holländer Flößen der Schwarzwälder Schifferschaft gelangte die Smalte nach Holland, nach Utrecht und Delft. Den Holländern gefiel der Farbstoff so sehr, daß sie jeweils die gesamte Jahresproduktion aufkauften.

Um noch mehr Erzfarben verarbeiten und die Farbenfabrik weiter vergrößern zu können, kaufte das Handelshaus Dörtenbach in Calw Erze aus Spanien, Böhmen, Schweden und England hinzu. Durch die Erfindung des künstlichen Ultramarins (1828) unrentabel geworden, mußte die Witticher Farbmühle 1835 schließen, und damit kam auch der hier blühende Bergbau zum Erliegen.

Glas – der älteste „Kunststoff"

Geschichtliches

Seit über 700 Jahren wird auf dem Schwarzwald Glas produziert.

Schon vor etwa vier- bis fünftausend Jahren wurde in Mesopotamien Glas erzeugt, und auch in Ägypten blühte die Glasmacherkunst. Hier erzeugte man Glas in Lehmformen, und erst die Phönizier erfanden die Glasmacherpfeife. Damit war die wichtigste Grundlage für die spätere Entwicklung gelegt. Die Römer verbreiteten in ihrem großen Reich sehr rasch die Technik der Glasherstellung. Sie waren bereits in der Lage, klares und durchsichtiges Glas herzustellen. Lange Zeit war die Technik des Einfärbens in Vergessenheit geraten, und erst im 13. Jahrhundert wieder entdeckt worden. Die Venezianer brachten sie zur Perfektion.

Das im 17. Jahrhundert in England entwickelte Bleiglas eignete sich wegen seiner starken Lichtbrechung für den Glasschliff. Kurze Zeit später wurde in Böhmen das helle Kreideglas erfunden, das im 18. und 19. Jahrhundert als „Böhmisches Kristallglas" in alle Welt exportiert wurde.

Es ist kein Zufall, daß sich die ersten Glashütten um die frühen Rodungsklöster St. Peter, St. Blasien und St. Georgen ansiedelten. Die „alte Glashütte bei Lenzkirch" wird im Jahre 1316 urkundlich erwähnt. Einen früheren Nachweis gibt es bisher nicht. Aus Aufzeichnungen erfahren wir, daß es um 1400 vielleicht zehn Glashütten gab: in Wehrberg bei Wehr, in Rohrberg im Wiesental, im Blasiwald, bei Lenzkirch, bei Saig, Waldau, Langenbach bei Vöhrenbach, Buchenberg bei St. Georgen und Glashusen bei Tennenbach.

Nach 1500 gab es eine regelrechte Gründungswelle, die bis ins 17., 18. Jahrhundert hinein anhielt. Neugründungen gab es allerdings nur durch den Zuzug auswärtiger Glasmacher. Sie kamen vor allem aus der Schweiz, aus Vorarlberg und Böhmen. Immer wieder und über die Jahrzehnte und Jahrhunderte hinweg erscheinen in den Glashütten die gleichen und berühmten Namen: Siegwart, Kreiner, Löffler, Maler, Thoma, Tritschler, Schmid, Kiefer. Das Wissen wird in der Familie weitergereicht und bleibt in ihr erhalten.

Die Glasherstellung

Grundstoff für die Glasherstellung ist die Kieselsäure, die in Form von Quarzsand oder Bergkristall auftritt. Der außerordentlich hohe Schmelzpunkt von 1500° Celsius kann durch die Zugabe Flußmitteln – Pottasche (Kaliumkarbonat) oder Soda (Natriumkarbonat) – auf 850° Celsius heruntergesetzt werden. Dieses „entstandene Glas" ist freilich in Wasser löslich (Wasserglas). Man muß als Stabilisator Kalk in Form von Kalkstein, Kreide oder Marmor zuführen. Die im Quarzsand vorhandenen Spuren von Eisenoxyd bewirken eine Grünfärbung des Glases (Waldglas). Glasmacherseifen, wie Braunstein (Mangandioxyd), Arsenik oder Salpeter heben die Grünfärbung auf oder dämpfen sie.

Nach einem alten Glasrezept, nimmt man: 60 Teile Quarzsand, 25 Teile Pottasche, 10 Teile Kalk oder

Kochsalz und etwas Arsenik oder Braunsalz als „geheime Zusätze".

Diese Rohstoffe werden in einem besonderen Ofen geglüht, d. h. getrocknet, und vorgeschmolzen. Danach wird die Masse im Schmelzofen zum Schmelzen gebracht. Das dauert etwa 24 Stunden. Dabei setzen sich Verunreinigungen in Form von Schaum an der Oberfläche als „Glasgalle" ab. Danach kann der Glasbläser in Aktion treten und den Kunststoff seiner endgültigen Form zuführen.

Für die Glasherstellung war ein Naturprodukt unerläßlich, und nun sind wir wieder beim Wald: Holz, und dies in großen Mengen!

Einige wenige Meister konnten in wenigen Jahrzehnten gewaltige Waldflächen abholzen. Für ein Kilo Glas verbrauchte man ursprünglich 2 cbm Holz. Später reduzierte man den Verbauch auf 1 cbm. Für den eigentlichen Schmelzvorgang brauchte man davon allerdings nur 3%, die restlichen 97% verschlang die Gewinnung und Herstellung der Pottasche. Dieses begehrte Salz gewann man dadurch, daß Holzasche ausgelaugt und die Flüssigkeit eingedämpft wurde. Große Mengen an Holz wurden also nur deshalb verbrannt, weil man die Asche brauchte.

Die genossenschaftlich organisierte Glashütte

In südlichen Schwarzwald entstand um 1500 eine größere Anzahl von genossenschaftlich organisierten Glashütten. Immer dort, wo die Glasmacher in den dichten, dunklen Wäldern Quarzsand, Bäche und Holz zur Gewinnung von Pottasche und zum Feuern der Öfen vorfanden, errichteten sie ihre Glashütte. Weltliche oder geistlich Herren holten die Glasmacher sehr gerne in ihre Wälder, denn sie allein wußten auch Holz zu nutzen, das in unwegsamen Gebieten kaum verkäuflich war. Erwünschte Nebenwirkung war es, daß die Wälder gerodet wurden. Hatten die Glasmacher ein Gebiet abgeholzt, zogen sie weiter und verlegten ihre Hütte in neue, unerschlossene Waldgebiete. Dies war billiger, als Holz von weither heranzuholen und hohe Fuhrlöhne zu bezahlen. Da rissen sie schon lieber ihre Glashütten und Häuser ab, um in einem anderen Gebiet neu anzufangen. Gelegentlich aber blieben die Holzfäller auf den gerodeten Gebieten als Bauern zurück.

Noch heute lassen sich gelegentlich die Ortswechsel der Glashütten-Besitzer nachzeichnen. Das Kloster St. Blasien errichtete 1579 südöstlich des Schluchsees im Blasiwald eine Glashütte, die 1609, 1622, 1624, 1684 den Standort wechselte, um dann 1716 in Äule ihren Endpunkt zu erreichen. Noch bis 1878 wurde sie dort mit großem Erfolg betrieben.

Orts- und Flurnamen wie Glashütte oder Rotwasserhütte in Altglashütten zeugen von den Glasmachern. Letztere war 1634 von den Fürstenbergern gegründet worden. Nachdem der Wald abgeholzt war, entstand in 2 km Entfernung Neuglashütten, und als der Wald auch dort verwüstet war, wurde die Hütte 1723 nach Herzogenweiler bei Vöhrenbach verlegt. Um 1870 war sie als Glasfabrik Josef Faller & Cie noch in Betrieb, bis sie 1880 stillgelegt wurde.

Auch im nördlichen Schwarzwald weisen Namen auf die Glasmacher hin. Der Glaswald erinnert an die Rippoldsauer Glashütte, die die Fürstenberger dort eine Glashütte errichten, weil die Bedingungen günstig waren. Holz gab es im Überfluß. Außerdem arbeitete der Pächter des nahen Sauerbrunnens recht erfolglos. Die Fürstenberger wollten das heilsame Wasser in „Sauerbronnenguttern“ (Gutter = lateinisch Guttulum = Tropfen = tropfenweise) über Land transportieren lassen.

1698 errichteten Glasmacher aus St. Blasien auf dem Mittelberg zwischen Murg- und Albtal auf Bitten des Türken-Louis eine Glashütte. Der Markgraf war daran interessiert, in seinem eigenen Regentschaftsbereich Glas herstellen zu lassen. Schon wenige Jahre später aber, 1758, mußte er die Glashütte schließen, weil „die Wälder so erschöpft und ruiniert seien, daß einem Gott erbarmen möchte!“ An eine Verlagerung der Hütte in ein anderes Waldgebiet war hier nicht zu denken, weil die Murgschifferschaft zu mächtig war.

Ähnlich erging es den Glashütten Schöllkopf bei Freudenstadt (1477) Wittlensweiler bei Dornstetten (1521) und Grassert auf der Hohengeroldseck südlich von Seelbach (1615). Sie konnten sich nur wenige Jahre halten.

An der Spitze einer genossenschaftlichen Glashütte standen meist bis zu zehn Meister. Sie waren eigenständige Unternehmer betrieben aber die Glashütte gemeinsam. Sie verfügten über sehr freizügige Rechte. So mußten sie z. B. keine Fron- oder Militärdienste leisten und waren von den meisten Steuerabgaben befreit. Sie mußten das Holz, das sie verbrauchten, kaufen, den abgeholzten Wald von Wurzelstöcken und Holzblöcken befreien und darauf Ackerland oder Wiese anlegen.

Ein Meister hatte jeweils mehrere Gesellen als Glasbläser und mehrere Lehrlinge in direkter Abhängigkeit. Die Glashütte dagegen beschäftigte die Holzfäller, die Maler, die Hüttenschreiber, die Tag- und Nachtschürer und die Sandgräber.

Abgerechnet wurde je nach den Anteilen gemeinsam. Der Meister erwarb einen oder mehrere Anteile der Glashütte, was sich in der Anzahl der Öffnungen zum Schmelzofen ausdrückte. Neben dem Schmelzofen befand sich im Hauptbau auch noch der Backofen zum Vorglühen der Rohmasse und der Kühlofen. Zur Glashütte gehörte auch ein Magazin und das Pottaschesiedhaus. Etwas abseits von der Glashütte lagen die Wohnhäuser der Meister und die Häuser der abhängigen Gesellen, Heizer, Schürer und Holzhauer.

Die Glasträger

Das Glas wurde über Glasträger vertrieben, die mit ihrer Krätze auf dem Rücken die Ware auf Rechnung der Meister zu den Handelsplätzen trugen. Aus der Zeit um 1700 wird berichtet, daß die Glasträger von der Rotwasserhütte eines Tages nicht mehr bereit waren, die Ware als Handelsware zu übernehmen:

„Glaubst du, fragte der Meister, daß wir dir unsere Ware auf Kredit geben?“ – „Nein“, antwortete Johann, der Anführer der Glasträger, „wir werden sie bezahlen.“ Nun zeigte sich, daß er seine Familie hat darben lassen Tag für Tag und Jahr für Jahr, weil er geduldig und sorgsam auf dieses Ziel hin gearbeitet hatte. Eine wohlgefüllte Geldkatze, mühsam erarbeitetes Silber, erspart und erhungert, hat er zur heutigen Abrechnung mitgebracht. Die Meister sahen ein, daß sie in Johannes Hände waren. Ihr Geschäft war nicht allzugut gegan-

Ein für den Schwarzwald typisches Glas.

gen. Die Glashütte lag zu weit vom Wald entfernt, und so mußten sie für den Lohn ihrer Holzknechte schon einen großen Teil ihres Gewinnes verbrauchen. Nun also stand die Kundschaft unmittelbar vor ihren Öfen, Männer, die die Märkte kannten und über Mittel verfügten, und sie boten einen vernünftigen Preis für ihre Waren. So geschah es, daß die Träger als freie und selbständige Handelsmänner die Hütte verließen, die sie als Knechte betreten hatten.

Ziemlich schnell erfolgte der Zusammenschluß zur großen Compagnie. Die Genossenschaft setzte auch eine regionale Trennung durch, so daß innerhalb weniger Jahre die verschiedenen Glasträgercompagnien entstanden. Sie wurden gebietsweise unterschieden: die Elsaßträger, die Pfälzer Gesellschaft, die Württemberger Compagnie, die Schwabenträger und die Schweizerträger.

Diese Compagnien waren streng organisiert und ihre Mitglieder unterlagen strengen Geboten. Es war verboten, die Familien mit „ins Land" zu nehmen. In den Satzungen heißt es: „Wir setzen fest und verbieten einander alles Spielen, Tanzen, Vollsaufen, Kegeln, Billard, Komödien, alle schlechten Gesellschaften und bei Nacht aus unseren Wirtshäusern und Quartieren zu gehen." Wer sich den strengen Bestimmungen widersetzte, mußte die beherrschenden Trägercompagnien verlassen.

Die Glasträgercompagnien wurden schließlich so mächtig, daß die meisten Glashütten von ihnen abhängig wurden. Sie nutzten ihre guten Handelsbeziehungen aus, indem sie das Sortiment vergrößerten und erweiterten. Schließlich handelten sie mit Eisenwaren, Glaserdiamanten, Neusilberbestecken, Porzellan und Zigarren und anderem wie die Pfälzer Träger oder mit Uhren, Schachteln, Wein und Schnaps wie die Schweizer Träger. Die Elsaßträger kauften gar Produktionsbetriebe, wie Draht- und Schraubenfabriken oder Uhrenfabriken. Die Pfälzer Träger ersteigerten die Glashütte in Gaggenau, die Württemberger Träger die Glashütte zu Schönmünzach oder Glashütten in Bayern. Aus den Glasmeistern wurden so entlohnte Fachkräfte.

Dank ihrer straffen Organisation überlebten die Glasträgercompagnien die Glashütten und wurden erst um 1938 in einzelne Kaufhäuser umgewandelt.

Die Unternehmer-Glashütte

Die erste Unternehmerglashütte war die von Nordrach, die 1695 gegründet wurde. Auch hier sollte das Holz genutzt und das Land urbar gemacht werden. Die Meister waren bei dieser Form Leibeigene des Klosters und hatten als Pachtzins Glaswaren abzuliefern.

1750 wurde neben der Glashütte, die mittlerweile ins Tal verlegt worden war, ein Farbwerk gegründet, das die Kobalterze aus Wittichen verarbeitete. Auch hier war der Hauptgeldgeber der Abt des Klosters Gengenbach, der gleichzeitig auch Direktor der Aktiengesellschaft war. Im Zuge der Säkularisierung wurde dem Kloster die Glashütte genommen und von privaten Unternehmern weiterbetrieben. Ende 1890 erwies es sich endgültig, daß sich Nordrach für die Glasmacherei nicht eignete.

1730 übernahm der Rastatter Ankerwirt Franz Anton Dürr die heruntergekommene Mittelberger Glashütte, eine Gründung des Klosters von St. Blasien. Ihn kann man als den ersten Unternehmer, der eine Glashütte betrieb, bezeichnen. Bald baute er in Herrenwies eine neue Glashütte, handelte einen 30-Jahresvertrag aus und hatte so großen finanziellen Erfolg, daß er Mitglied der Murgschifferschaft werden konnte. Nun aber geriet er in den Interessenkonflikt zwischen dem großen Holzbedarf der Glashütte und der weitaus besseren Nutzung des Holz durch die Flößerei. Dürr verkaufte seine Anteile an Anton Rindenschwender und legte seine Glashütte 1787 still.

Anton Rindenschwender, Sohn eingewanderter Holzfäller aus Tirol, arbeitete sich vom Holzfäller zum Mitglied der Murgschifferschaft empor. Er erhielt überdies die Genehmigung, die Glashütte von Mittelberg nach Gaggenau zu holen. 1772 baute er hier ein neue Glashütte, Lagerräume und eine Wohnsiedlung. Da er das Unternehmen umsichtig führte, konnte er schon nach kurzer Zeit 16 Glasbläser beschäftigen. Insgesamt 200 Leute wohnten in seiner Siedlung.

Um seinen hohen Holzbedarf zu verringern, erwarb er vom Markgrafen von Baden das Monopol für den Aufkauf der Asche in allen Haushalten des Landes. Um den Vertrieb seiner Erzeugnisse kümmerte sich der erfolgreiche Unternehmer allerdings nicht. Diesen überließ er nach alter Tradition dem Hauptabnehmer, der Pfälzischen Handelsgesellschaft in Lenzkirch. Als er 1803 starb, hinterließ er nicht nur ein blühendes Unternehmen, sondern auch eine Nachkommenschaft von 30 Kindern.

Zahlreiche Erbstreitigkeiten lähmten die Weiterentwicklung der erfolgreichen Glashütte. Viel zu spät erfolgte bei der Glasherstellung die Umstellung von Pottasche auf Soda. Auch für die Umstellung von Holz- auf Kohlefeuerung waren die Mittel nicht vorhanden. Die Pfälzer Handelsgesellschaft mußte hier mitfinanzieren. Schließlich ersteigerte 1870 der Hauptgläubiger, die Handelsgesellschaft, das Unternehmen. 1910 schloß die Handelsgesellschaft das Unternehmen und verkaufte das Industriegelände.

Auch die Glashütte in Wolterdingen, die der Donaueschinger Kaufmann Maggi 1844 gegründet hatte, erlebte ein ähnliches Schicksal. Sie mußte 1918 aufgegeben werden.

Glashütten heute

Nur noch an drei Orten wird heute im Schwarzwald Glas erzeugt.

Der Miteigentümer der Glashütte in Bulbach bei Freudenstadt Johann Georg

Böhringer, gründete 1885 in Achern eine Champagnerflaschenfabrik. Die Verlagerung der Produktion aus dem Schwarzwald an dessen verkehrsgünstige Randzone erwies sich als weitsichtig. Er ging auch bei den Produktionsmethoden mit der Zeit. 1903 wurde auf halbautomatische und 1927 vollautomatische Maschinenfertigung umgestellt. Die Acherner Glashütte zählt heute zu den größten und modernsten Hohlglaswerken Deutschlands.

1814 erwarb der Ichenheimer Kaufmann J. A. Derndinger die Nordracher Glashütte und verlegte 11 Jahre später die Herstellung von Flachglas und Fensterglas nach Offenburg. Bekannt wurde diese Firma durch Glasmalereien, ornamentartige Glasscheiben und Kunstverglasungen. Noch heute wird hier unter der Nachfolgegesellschaft Schell & Vittali GmbH die Glasmacherei betrieben.

Eine Nachkriegsgründung ist die Dorotheenhütte in Wolfach. 1947 wurde sie als Wolfacher Hütte gegründet, um Flüchtlingen aus Schlesien und der Grafschaft Glaz eine Arbeitsstätte zu bieten. Auch hier verpaßte man wie mancherorts die Umstellung von der Mund- zur Maschinenblashütte. Über die Idee eines Glas-Museums konnte die Glasproduktion in Wolfach aufrechterhalten werden..

In Höllsteig gründete Heinz Pischotta, ein geborener Schlesier, eine Waldglashütte, in der Glas hergestellt und noch geblasen wird.

Italienische Handwerkskunst aus dem Schwarzwald

Wer auf dem Westweg vom Landwassereck zur Hirschlachschanze geht, um dort den herrlichen Blick über den Schwarzwald zu genießen, passiert auf seinem Weg einen mächtigen Felsenblock, den Huberfelsen. Er erinnert an den Obervogt Huber, der 1758 in Neudingen an der Donau geboren wurde und von 1795 bis 1806 Obervogt der Österreichischen Herrschaft in Triberg war.

Der Name dieses energischen Mannes, dieses „Beamten von Gottes Gnaden", ist für immer verknüpft mit einem Handwerk, das aus der Toskana in den Schwarzwald gelangt ist, mit der Strohflechterei.

Die schweren Kriegsjahre des ausgehenden 18. Jahrhunderts hatten auch den Schwarzwald heimgesucht und die Bevölkerung in Not und Bedrängnis gebracht. Französische, kaiserliche oder preußische Truppen fielen hier abwechselnd ein. Die Wirtschaft lag darnieder. Viele Schwarzwälder machten bankrott. Das Uhrenhandwerk, das bisher den kältesten und unfruchtbarsten Gegend noch einigen Wohlstand gebracht hatte, lag darnieder, denn der Uhrenhandel – vor allem mit Rußland – hatte unter den Folgen des Krieges besonders zu leiden.

Auf Trachtenbildern aus der Zeit um 1700 kann man erkennen, daß damals zur bäuerlichen Tracht Filzhüte getragen wurden. Strohhüte als Kopfbedeckung für Frauen tauchten erst nach 1716 auf. So wie die ersten Uhren von Glashändlern aus dem Ausland in den Schwarzwald gebracht worden waren, so kam auch der erste Strohhut durch sie hier her, und zwar aus Italien. Bald begannen die Wäldler sie nachzumachen. Bis zu Beginn des 19. Jahrhunderts aber brachten sie nur recht grobe Exemplare zustande, die sich nur für den eigenen Bedarf und allenfalls für die Leute aus den Nachbartälern eigneten. Das Stroh aus dem Korn, das im Schwarzwald wuchs, war für feinere Arbeiten wenig geeignet. Italienische Kornarten erbrachten sehr viel feineres Stroh.

Der Obervogt Huber

Um 1800 darbte und hungerte die Bevölkerung im Schwarzwald besonders schwer. Der Verdienst eines vierzehnstündigen Arbeitstages reichte gerade eben für ein Laib Brot. Dem Obervogt Huber aber lag das Wohl der Schwarzwälder am Herzen, und er suchte nach Wegen, ihnen zu helfen. Da kam er auf die Idee, daß man mit Strohflechterarbeiten Geld verdienen könnte, wenn ihre Qualität angehoben würde. Auf eigene Kosten ließ er einen Strohflechter aus der Toskana zu sich kommen, der ihm und seiner Frau die sehr viel feinere italienische Technik der italienischen Strohflechterei beibringen sollte. Mit der neu erworbenen Kunstfertigkeit ging das Ehepaar auf die Dörfer, um der anfänglich widerstrebenden Bevölkerung ihre Kunst zu vermitteln.

Doch dabei ließ es der Obervogt nicht bewenden. Für das Handwerk brauchte man besseres Handwerkszeug

Strohflechterin im Hergottswinkel.

als bisher. Wiederum auf eigene Kosten ließ er Schneidnadeln anfertigen, mit denen auch noch die feinsten Strohhalme gespalten werden konnten. Und da sich das spröde und viel zu gelbe Schwarzwälder Stroh für die Arbeiten nicht eignete, veranlaßte er, daß das zum Flechten bestimmte Stroh vorzeitig, also vor der Reife des Korns, geschnitten und gebleicht wurde. Die bigotten Bauern waren ob des Frevels empört und beschimpften ihn.

Huber kaufte das Stroh nun selber an und verteilte es unter den geschicktesten Strohflechterinnen. Da die Stroharbeiten anfänglich noch nicht so recht vorzeigbar waren, kaufte er sie – nach einem Bericht der Chronik von Gütenbach – selbst zu guten Preisen den Frauen ab, bis ihre Kunst es ihnen erlaubte, sie auf dem Markt anzubieten.

Als Jakob Weiser aus Schönwald zu Beginn des 19. Jahrhunderts eine Methode gefunden hatte, Stroh mit Schwefel zu bleichen, erhielt die Strohflechterei einen beträchtlichen Aufschwung. Um 1820 verkaufte Jakob Weiser gebleichtes Stroh bis nach Frankreich, Holland, in die Niederlande, nach Westfalen und nach Rußland. In dieser Zeit entstanden in Lenzkirch, Neustadt, St. Georgen und Furtwangen auch die ersten Strohfabriken.

Der gelbe Strohhut, den man Strohzylinder oder Schwefelhut nannte, lebt heute noch in der Tracht von Furtwangen weiter.

Strohflechterin mit der Kräze auf Wanderschaft.

Die stürmische Entwicklung des von ihm angeregten Industriezweiges im Schwarzwald konnte der Obervogt Huber jedoch nicht mehr erleben. Er starb bereits 1816.

Um die Technik des Flechtens zu fördern und weiterzuentwickeln, wurden 1850 unter der Leitung und Aufsicht der Furtwanger Uhrmacherschule in mehreren Orten des mittleren und südlichen Schwarzwaldes Flechtschulen eingerichtet. Auch hier taucht der Name von Gerwig wieder auf, der die Schwarzwaldbahn gebaut und die Uhrmacherschule in Furtwangen gegründet hatte. Die „Ortsarmen" waren zum Besuch dieser Schule verpflichtet, wo sie täglich 3 Stunden lang unterrichtet wurden. Vor allem die Kinder wurden in den Flechtschulen unterrichtet, in die sie bis zum 5. Schuljahr gehen mußten.

In den achtziger Jahren des vergangenen Jahrhunderts erreichte das Gewerbe durch eine vermehrte Industrialisierung seinen Höhepunkt.

Der Niedergang

Harte Konkurrenz aber entstand durch die Kolonialpolitik und den Ausbau der internationalen Handelsbeziehungen. Um die Jahrhundertwende kamen aus dem fernen Osten, aus Japan und China Binsen-, Bast- und Reisstrohprodukte auf den europäischen Markt, die aus feinerem Material gearbeitet waren, und verdrängten die Arbeiten aus dem Schwarzwälder Roggenstroh. Wieder einmal war ein Gewerbe niedergegangen.

Noch einmal keimte Hoffnung auf, als Deutschland den für den Geflechthandel günstigen chinesischen Hafen Chiautschau erworben hatte. Chinesisches Rohmaterial und geschickte, fleißige Hände des Schwarzwaldes hätten um die Jahrhundertwende die Strohflechterei zum Blühen bringen können. Die Hoffnung wurde aber zunichte gemacht, weil der Geflechtmarkt fest in den Händen der Engländer lag und die Waren aus dem Schwarzwald keine Chancen hatten. Um 1825 waren im Amt Triberg 1500 Personen mit der Strohflechterei beschäftigt, 100 Jahre später gab es nur noch vereinzelt Frauen, die Stroh flechten und ihre Kunst an Familienmitglieder weitergeben konnten.

Der Gutacher Bollenhut ist heute das berühmteste Stroherzeugnis des

Schwarzwaldes. Er war ursprünglich in zahlreichen Orten beheimatet und zunächst nichts als ein gewöhnlicher Hut mit Wollrosen. Erst gegen Ende des 19. Jahrhunderts sind die roten und schwarzen Bollen immer größer geworden. Um die Jahrhundertwende erhielt er dann die Form, mit der er heute fast zum Symbol des Schwarzwaldes geworden ist.

Die Hinterglasmalerei

Die uralte Technik der Hinterglasmalerei gelangte über Böhmen und die Alpenländer in den Schwarzwald. Wieder sind es die aufmerksamen Glas- und Uhrenträger, die die Kunst, Bilder auf der Rückseite von Glas anzubringen, von ihren Wanderungen mitbrachten. Etwa von 1770 begann für hundert Jahre die Blütezeit der Hinterglasmalerei.

Die Voraussetzungen für diese Art von Malerei waren günstig. Die Glashütten im Wald konnten die Glastafeln liefern, und bei der Uhrenanfertigung hatten sich künstlerische Techniken und Talente entwickeln können, wurde doch jedes Uhrenschild ja auch bemalt und mit Ornamenten verziert. Gerade um 1770 hatte sich die Uhrenmalerei als eigenständiger Beruf herausgebildet. So wurden denn auch die Uhrmachergebiete diejenigen, in denen sich die Hinterglasmalerei am weitesten verbreitet hat: Neukirch, St. Märgen, Breitnau, Neustadt, Eisenbach, Bräunlingen, Bernau, Todtmoos und besonders Rötenbach sind da zu nennen.

In der Nähe lagen bekannte und stark besuchte Wallfahrtsorte wie Triberg, St. Märgen, St. Peter, Todtmoos, St. Blasien und Bonndorf. Aber auch für die Herrgottswinkel auf den Höfen wollten die frommen Wäldler Heiligenbilder. Neben den alten wurden nun auch neue Heilige eingeführt und verehrt. Die Christi-Leiden-Verehrung und die Marienfrömmigkeit war in dieser Zeit wieder aufgelebt.

Man schenkte sich Bilder mit Marienmotiven auch bei Hochzeiten und Taufen, und zum Gedächtnis Verstorbener wurden sogenannte „Arme-Seelen-Täfelchen" in der Nähe des Weihwasserkessels aufgehängt. Mit den Bildern von Schutz- und Namenspatronen wollte man Brandfälle, Blitzeinschläge und Krankheiten abhalten oder Glück und Segen für die ganze Familie herbeiführen. Da halfen die Heiligen Sebastian, Florian, Georg, Barbara und Agathe. Selbst in protestantischen Häusern waren Hinterglasbilder mit biblischen Motiven weit verbreitet und beliebt.

Die Hinterglasmalerei beschränkte sich aber nicht nur auf biblische Motive. Beim aufgeklärten Bürgertum schätzte man Porträts der adligen Herrschaft, etwa der Landesmutter oder des Großherzogs. Nach der französischen Revolution malte man Napoleon hinter Glas und später Andreas Hofer oder den im Badischen bekannten Friedrich Hecker. Kistenweise wurden diese Bilder bis in die Vereinigten Staaten transportiert.

Da die Glashütten im Schwarzwald sich auf die Herstellung von Hohlglas beschränkt hatten, wurden zu Beginn die Bilder auf mundgeblasenen Zylindern, die aufgeschnitten und plattgewalzt wurden, gemalt. Das ist auch der Grund, weshalb man heute vor allem bei älteren Arbeiten Schlieren, Blasen oder grünliche Verunreinigungen im Glas findet.

Hinterglasmalerei erfordert vom Meister eine Technik, die genau umgekehrt wie bei der Malerei auf Leinwand abläuft. Das Bildmotiv selbst hat man im Schwarzwald meist nicht selbst gestaltet. Man verwendete als Vorlage Kupferstiche, Holzschnitte oder gemalte Bilder. Diese wurden unter die

Glasplatte gelegt, um den „Riß“ anzufertigen, d. h. um die Konturen des Bildmotivs aufzuzeichnen. Dadurch entstand eine spiegelverkehrte Abbildung. Später verwendete man für den Riß eine zuvor spiegelbildlich hergestellte Kopie der originalen Vorlage, um so wieder in die rechte Ordnung zu kommen.

Nun wurden zuerst die Partien mit den feinsten Pinselstrichen aufgemalt, dann die Detaildarstellungen, und erst zum Schluß kam diejenige Farbschicht auf das Glas, die beim Leinwandbild die erste ist, nämlich die Grundierung. Auf vielen heute noch erhaltenen Glasbildern kann man erkennen, daß nur die Kunstfertigkeit erforderlichen Stellen vom Meister aufgetragen wurden, während die Grundierungen und andere großflächige Partien von Lehrlingen grob ausgeführt wurden.

Als Farben verwendete man vorwiegend Wasserfarben, denen etwas Gummi beigemengt wurde, damit sie besser am Glas haften blieben. Zur Einfärbung wurde Zinnober, und Pariserblau verwendet; für die Hautfarbe mischte man Bleiweiß oder Kremserweiß mit Rot und Gelb. Grün mischte man aus Chromgelb und Pariserblau, und für Schwarz nahm man gebrannten und entfetteten Kienruß. Zum Schutz wurden die Farben mit einer Ölfarbenschicht überzogen.

Die bedeutendsten Hinterglasmaler entstammen alle der Dynastie der Winterhalder in Rötenbach. Der Urvater entstammt einer kinderreichen Familie, wurde Glasträger, Schildermaler und schließlich Hinterglasmaler. Vier seiner acht Kinder gingen bei ihm in die Lehre und wurden selbst bedeutende Glasmaler. So etwa Johannes, der 1808 nach St. Petersburg wanderte und dort als Porträtist am Zarenhof bekannt wurde. Verfolgen wir diese Familie weiter, so erfahren wir, daß der älteste Sohn, Sebastian, die väterliche Werkstatt in Rötenbach übernahm, diese aber 1823 nach Colmar verlagerte, um Importzölle zu umgehen. Von seinen neun Kindern wurden wiederum vier Hinterglasmaler. Einer von ihnen, Ferdinand, übernahm Jahre später in Lambach in Niederbayern eine Glashütte und lieferte seinem älteren Bruder Benedikt das notwendige Flachglas für die Werkstatt in Rötenbach. Die beiden jüngeren Brüder wanderten in die Vereinigten Staaten aus.

Aber auch andere Familien brachten bekannte Hinterglasmaler hervor: die Steiers in St. Märgen, die Mayers in Waldau, die Fallers in Seppenhofen bei Löffingen.

Der Vertrieb der Hinterglasmalerei war von Anfang an unproblematisch, da die Glashütten und Uhrmacherwerkstätten bereits über hervorragende Vertriebswege verfügten. Nur die nähere Umgebung mußte durch den Hausierer abgedeckt werden.

Die Bilder aus dem Schwarzwald verbreiteten sich also in dem weiten Bereich von Frankreich bis hin nach Bayern. Der weitere Weg nach Osten war durch bayerische Produktionen blockiert. Die vielfältigen Familienbeziehungen in den USA ermöglichten auch einen blühenden Handel mit der Neuen Welt.

Nach 1870 fand die Hinterglasmalerei ein rasches Ende, als die Techniken der Fotografie preiswertere Reproduktionsmöglichkeiten boten.

Literaturhinweise

ALBERT, REINHARD: Bauernkunst auf Glas gemalt. In: Der Lichtgang. Freiburg 1965.

ASSION, PETER und HANER, GUDRUN: Schwarzwälder Hinterglasmalerei. Freiburg 1992.

BARTH, LUDWIG: Die Geschichte der Flößerei im Flußgebiet der oberen Murg. Karlsruhe 1895.

BENDER, GERD: Die Uhrmacher des hohen Schwarzwaldes und ihre Werke. Bd. I und II. Villingen 1979.

BESTANDSKATALOG des Franziskanermuseums Villingen: Schwarzwälder Glas und Glashütten. Villingen-Schwenningen o. J.

DISCH, FRANZ: Chronik der Stadt Wolfach. Freiburg 1920.

DORER, RICHARD: Schönwald in Vergangenheit und Gegenwart. Vilingen 1948.

EMMINGHAUS, A.: Die Murgschifferstadt in der Grafschaft Eberstein. Jena 1890.

FALKENSTEIN, FRANZ: Der ehemalige Mühlsteinbergbau im Schmitzinger Tal bei Waldshut. In: Heimat am Hochrhein 1987.

FAUTZ, H.: Die Flößer in Schiltach, Schwarzwaldstadt im Kinzigtal. Freiburg 1980.

FISCHER, HANS und SPERR, JOGGELE: Flößergeschichte. Pforzheim 1983.

FLAIG, FRANZ: Zur Geschichte der Flößerei in Schramberg. In: D'Kräz. Schramberg 1983.

GÖBEL, WALTER: Chronik und Familiengeschichte von Neustadt. Neustadt 1951.

GÜNTER, WILHELM: Huzenbach – Geschichte eines Murgtaldorfes. Horb a. N. 1989.

HANSJAKOB, HEINRICH: Waldleute. Stuttgart 1897.

HARTER, HANS: Zur Geschichte des Bergbaus in Fischerbach. In: Fischerbach – eine Ortsgeschichte in Wort und Bild. Freiburg 1989.

HEBEL, JOHANN PETER: Alemannische Gedichte. Hrsg. v. Feger, Robert. Lahr, Schauenburg 1990.

HIß, ALBERT: Kaltbrunn-Wittichen einst und jetzt. Freiburg 1966.

HUMBERT, DR. THEODOR: Todtnau im Schwarzwald. Freiburg 1939.

HUMMEL, KARL MARTIN und DOMBROWSKI, PETER: Alpirsbach – ein Heimatbuch. Freudenstadt 1986.

JÜTEMANN, HERBERT: Die Schwarzwalduhr. Braunschweig 1972.

KAISER, HELMUT: Die Grube Clara zu Wolfach im Schwarzwald. Freiburg 1984.

KAUFMANN, PETER: Bergbau in Biberach im Kinzigtal. Haslach 1987.

KEWELOH, HANS WALTER: Auf den Spuren der Flößer. Stuttgart 1988.

KEWELOH, HANS WALTER: Flößerei in Deutschland. Stuttgart 1985.

KISTNER, ADOLF: Die Schwarzwälder Uhr. In: Heimatblätter vom Bodensee zum Main Nr. 31. Karlsruhe 1927.

KRUMMER-SCHROTH, INGEBORG: Alte Handwerkskunst und Gewerbe im Schwarzwald. Freiburg 1981.

KULL, WALTER: Vom Waldglas zur Sektflasche. In: Jahrbuch Landkreis Freudenstadt. Horb 1993.

LEHMANN, KARL AUGUST: Bergbau in Oberharmersbach. In: Der Erzgräber, Heft 1 1988.

MARZI, ELKE: Bergbau im Schwarzwald einst und heute. In: Der Schwarzwald, Heft 1 1986

MEIER, WILHELM und LIENHARD, KARL: Geschichte der Stadt Triberg. Freiburg 1964.

MEISSNER, UNDINE: Seewald – ein Heimatbuch. Horb a. N. 1990.

Metz, Rudolf: Geologische Landeskunde des Hotzenwaldes. Lahr, Schauenburg 1977.

Metz, Rudolf: Mineralogisch-landeskundliche Wanderung im Nordschwarzwald. Lahr, Schauenburg 1977.

Mohr, S.: Die Flößerei auf dem Rhein. Mannheim 1897.

Mönch, Wilhelm: Heimatkunde vom Oberamt Calw. Calw o.J.

Morath, Ludwig: Blasiwald im Hochschwarzwald. Konstanz 1957

Münster, Sebastian: Kosmographia. Basel 1628.

Oeschger, Bernhard und Weeger, Edmund: Schwarzwaldleben anno dazumal. Stuttgart 1989.

Östreicher-Mollwo, Marianne: Die Glasmacher im Schwarzwald. Tübingen 1992.

Priesner, Paul: Der Bergbau im Schauinsland von 1340–1954. Freiburg 1982.

Schaaf, Berthold: Schwarzwalduhren. 2. Aufl. Freiburg 1988

Scheifele, Max: Die Murgschifferstadt. Gernsbach 1988.

Schlageder, Albrecht: Die Geschichte von Todtnau und seinen Teilorten. In: Todtnau. Freiburg 1989.

Schlageder, Albrecht: Geschichte des Bergbaus im Umkreis des Belchen. In: Der Belchen im Schwarzwald. Karlsruhe 1989.

Schmid, Adolf: Bad Rippoldsau – 800 Jahre Heimatgeschichte. Donaueschingen 1966.

Schmid, Adolf J.: Schapbach im Wolftal. Chronik einer Schwarzwaldgemeinde. Freiburg 1989.

Schmid, Adolf J.: Hansjakob und das Wolftal – ein Lesebuch. Freiburg 1992.

Schoch, Oswald: In: Der Schwarzwald. Freiburg 1984.

Schoch, Oswald: Teerschwelen, Pottaschesieden und Kleesalzgewinnung in Enzklösterle. Freiburg 1984.

Schoch, Oswald: Harznutzung um Enzklösterle. In: Der Schwarzwald. Freiburg 1985.

Schoch, Oswald: Teerschwelen, Pottaschesieden und Kleesalzgewinnung in Enzklösterle. In: Der Landkreis Calw. Calw 1986.

Schoch, Oswald: Köhlerei bei Enzklösterle im Nordschwarzwald. In: Der Landkreis Calw. Calw 1989.

Schrempp, Otto: Die Flößerei in Wolfach. Wolfach 1987.

Schuler, Primus: Heimatblättle Gütenbach 1987.

Staudenmeyer, Walter: Zum Bergbau Calwer Handelsherren im mittleren Schwarzwald. In: Der Landkreis Calw 1985.

Stockburger, Erich: St. Georgen – Chronik des Klosters und der Stadt. St. Georgen 1972.

Tritscheller, Dr. Walter: Die Lenzkircher Handelsgesellschaften. Tübingen 1992.

Vettinger, Franz: Auf dem hohen Wald. Heimatgeschichte von Eisenbach, Bubenbach und Oberprend. Titisee-Neustadt 1991.

Volz, O. J. Dr. Robert: Bad Rippoldsau in Vergangenheit und Gegenwart. Freudenstadt 1928.

Weber, Klaus: Waldau – Dorf und Höfe Chronik. Titisee-Neustadt 1977.

Weber, Klaus und Dotter, Wilhelm: Aus der Geschichte von Neukirch. Freiburg 1991.

Weber, Max: Gaggenauer Glashütte. In: Heimatbuch Landkreis Rastatt. Rastatt 1978.

Wohleb, Josef L.: Aus der Geschichte der Fürstenbergischen Glashütten. Allensbach 1949.

Worring, Hansjürgen: Das Fürstenbergische Eisenwerk Hammereisenbach. Allensbach 1954.

Bildnachweise

Umschlagbild: H. C. Haas
Oberwolfach. 25. 9. 1993

Ludwig Neumann: Der Schwarzwald,
Leipzig 1902, Seite 9

W. Hasemann: Waldleute,
Stuttgart 1897, Seite 10

K. Jäger-Schmid: Das Murgtal.
Nürnberg 1800, Seite 14

Hans Schmid, Schapbach, Seite 15

S. Mohr: Flößerei auf dem Rhein.
Mannheim 1897, Seite 18

W. Hasemann: Waldleute,
Stuttgart 1897, Seite 21

Eduard Trautwein, Seite 24

Wilhelm Mönch, Heimatkunde vom
Oberamt Calw. Calw o. J., Seite 32

Ludwig Neumann: Der Schwarzwald,
Leipzig 1902, Seite 35

W. Hasemann: Erinnerungen einer
alten Schwarzwälderin. Stuttgart 1902,
Seite 38

Schwarzwälder Glas und Glashütte.
Stanzkatalog des Franziskanermuseums
Villingen. Villingen o.J., Seite 58

Ludwig Neumann: Der Schwarzwald,
Leipzig 1902, Seite 62

xxx

Inhaltsverzeichnis